KB002486

무의식의 유혹

우울한 남자의 아니마, 화내는 여자의 아니무스

무의식의 유혹

우울한 남자의 아니마, 화내는 여자의 아니무스

존 A. 샌포드 지음 | 노혜숙 옮김

아니마

그대 늙었을 때

월리엄 버틀러 예이츠

그대 늙어 머리가 세고 잠도 많아져
난롯가에 앉아 졸게 되거든 이 책을 꺼내어
천천히 읽으며 꿈꾸어 보라, 한때 그대 눈이 지녔던
그 그윽한 눈매와 그 깊은 그림자를…….

많은 이들이 그대의 쾌활한 자태를 사랑하였고
그대의 아름다움에 거짓 혹은 진실로 사랑을 바쳤으나,
오직 한 남자만은 그대 안에 있는 순례자의 영혼을 사랑하였고
세월 속에 변해가는 그대 얼굴의 슬픔을 사랑하였노라.

그리하여 그대는 붉게 달구어진 벽난로 창살 옆에서
구부정하게 몸을 굽힌 채 조금은 슬프게 중얼거리리라,
어떻게 사랑이 저 높은 산등성이 너머로 뛰어 달아나
별들의 무리 속에 그 얼굴을 감추어버렸는지를…….

들어가는 말

무의식이 당신을 지배한다

인간은 합리적으로 생각하고 효율적으로 행동하려고 노력하지만 스스로 제어할 수 없는 어떤 엄청난 힘에 얽매여 있다는 사실을 자각하지 못한다.
카를 구스타프 융

남녀의 차이를 말할 때 흔히들 남자는 목표 지향적이고 여자는 관계 지향적이라는 이야기를 한다. 남자는 목표에 초점을 맞추고 최대한 효율적으로 문제를 해결하는 반면, 여자는 그 과정에서 타인들과 함께 나누는 경험과 유대감을 중시한다는 것이다. 남자와 여자는 신체 구조나 호르몬 분비 같은 생물학적 특성 외에도 감정과 사고방식에서 차이가 있고, 그로 인해 생활양식, 인간관계, 경력, 사회적 성공에서 서로 다른 성향과 능력을 드러낸다. 이러한 남녀의 차이는 어디서 비롯되는 것일까?

그런가 하면 우리 삶에서 그 어떤 사건보다 강렬한 감정을 불러오는 남녀 간의 사랑은 이성만으로는 이해하기 어렵다. 어떻게 남녀는 첫눈에 사랑에 빠지고 기꺼이 자신을 희생하면서 모든 것을 바치는 모험에 뛰어드는 것일까? 또 그렇게 영원히 지속될 것만 같던 열정적인 사랑이 시간이 지나면서 싸늘하게 식어 버리는 것은 또 어떤 연유에서일까?

남녀의 차이와 남녀 관계에서 일어나는 불가사의한 문제들이 어디서 비롯되는 것인지를 처음 학문적으로 설명한 사람이 있었으니, 그 누구보다 인간 내면의 무의식 세계를 깊이 들여다본 심리학자로 평가받는 분석심리학의 창시자 카를 구스타프 융 Carl Gustav Jung이다.

인간의 정신은 무의식이 거의 대부분을 차지하며 의식은 무의식을 둘러싸고 있는 얇은 막에 불과하다. 우리가 경험하고 인지하는 것은 얼마 동안 의식에 머물러 있다가 시간이 지나면서 익숙한 습관이 되거나, 관심이 멀어지면 점차 무의식 속으로 숨어들어 간다. 그렇게 축적된 무의식은 우리가 무심코 하는 행동이나 이성적으로 제어할 수 없는 감정은 물론이고 심사숙고해서 내리는 결정까지 모든 측면에서 강력한 영향력을 행사한다.

무의식에 대한 개념을 처음 이론적으로 수립한 사람은 오스트리아의 정신과 의사 지그문트 프로이트 Sigmund Freud다. 그는 무의식 속에 억압된 기억이나 경험이 현실에서 심리적인 갈등을 일으키는 원인이 된다고 생각하고, 대화를 통해 환자들의 무의식을 의식으로 끌어내 문제를 해결하는 방법을 사용했다.

그러나 융은 우리의 정신 속에 프로이트가 말하는 무의식만으로는 설명할 수 없는 부분이 잠재되어 있다고 보았다. 우리가 어릴 때부터 경험한 기억들이 축적된 것을 개인 무의식이라고 한다면, 그보다 더 깊은 곳에 인간이라면 누구나 공통적으로 지니고 있는 집단 무의식이 있다는 것이다.

집단 무의식은 인류가 아득히 먼 옛날부터 체득해 온 경험들이, 마치 조상으로부터 후손에게 전달되는 유전자처럼, 이미지나 관념으로 우리 정신 속에 축적되어 있는 것을 말한다. 따라서 개인 무의식이 후천적이라면 집단 무의식은 선천적이다. 집단 무의식을 구성하는 이러한 선천적인 조건들을 융은 '원형原型, Archetypes'이라고 불렀다.

또한 무의식을 구성하고 있는 수많은 원형들 중에서 특히 남자의 무의식에 존재하는 여성성과 여자의 무의식에 존재하는 남성성을 각각 '아니마Anima'와 '아니무스Animus'라고 이름하였다. 아니마와 아니무스는 집단 무의식을 구성하는 다른 원형들과 마찬가지로 '나'라는 자아의식과는 별도로 마치 독립적인 인격처럼 우리 내면에 존재하면서 생각과 행동에 긍정적이거나 부정적인 영향을 미친다. 하지만 궁극적으로는 우리 자신을 남자 또는 여자로 인식하는 외적 인격을 보완함으로써 어느 한쪽으로 완전히 치우치지 않도록 견제하는 역할을 한다. 그리고 그렇게 조화와 균형을 이루는 과정에서 우리의 정신에 생명력과 활력을 불어넣는다. 우리 무의식 속에 아니마 또는 아니무스라는 원형이 실제로 존재하는지는 일상의 체험을 통해 확인할 수 있다고 융은 주장한다.

융이 이야기하는 아니마와 아니무스의 개념을 이해하기는 어렵지 않지만, 무의식 속에 있는 그 실체를 만나기는 쉽지 않은 것이 사실이다. 게다가 우리는 평소에 무의식의 내용은 물론이고 그 영향력에 대해 거의 생각하지 않고 살아간다.

하지만 만일 우리가 무의식에 귀를 기울이고 의식화하려는 노력을 하지 않는다면 스스로 이성적이고 냉철하다고 자부하는 사람이라고 해도 자칫 방심하는 사이 언제 어떤 식으로 돌이킬 수 없는 실수를 저지를지 알 수 없다. 앞만 보고 성공을 향해 질주해 온 남자가 헛된 욕망에 빠져 하루아침에 추락하고, 힘의 논리에 사로잡힌 여자가 자기 자신뿐 아니라 주변 사람들을 괴롭히는 모습에서 우리는 무의식에 휘둘리는 인간의 나약하고 위험한 정신을 목격한다.

오늘날은 그 어느 때보다 여자들의 사회참여가 활발해지면서 남녀를 구분하는 전통적인 가치관과 사회적 역할의 경계가 무너지고 있다. 또한 생물학적인 성별과 성 정체성에 대한 자아의식이 반드시 일치하지 않을 수 있다는 사실도 당연하게 받아들여진다. 이러한 추세는 마치 남자의 여성화와 여자의 남성화가 진행되면서 정신적인 성별의 구분이 사라지는 것처럼 보일 수 있다. 하지만 남성성과 여성성 자체는 서로 대비되는 음양의 원리처럼 영원히 우리 내면에 존재한다.

우리가 갖고 있는 남성성과 여성성에 대해 이해하는 것은 중요한 의미가 있다. 남자와 여자의 차이를 구분하기 위해서가 아니라, 성별의 제약으로부터 해방될 때 편견과 고정관념에서 벗어나 좀 더 자유롭고 창의적인 사고가 가능하기 때문이다. 또한 우리 자신과 타인에 대한 이해가 깊어지고 좀 더 성숙하고 온전한 인격을 갖출 수 있다.

융은 아니마와 아니무스라는 우리 내면의 심혼을 인식해서 무의식의 내용을 의식으로 끌어올리는 흥미로운 방법을 제시했다. 우리 내면에서 강력한 영향력을 행사하고 있는 무의식과 소통하고 성찰하는 법을 배운다면 세상의 이치를 이해하는 전체 정신에 가까이 다가갈 수 있을 것이다.

그러면 이제부터 진정한 사랑의 완성과 자기실현으로 우리를 안내하는 아니마와 아니무스를 만나기 위해 의식의 경계를 지나 어둠에 싸여 있는 무의식의 심연으로 들어가는 여행을 시작해 보자.

차례

1장

내 안의 또 다른 성性

사랑은 완벽한 사람을 만나는 것이 아니라
부족한 사람을 완벽하다고 여기는 것이다.

샘 킨

잃어버린 반쪽을 찾아서

남자는 자신을 온전한 남성이라고 여기고 여자 또한 자신을 온전한 여성이라고 여기지만, 인간의 내면으로 좀 더 깊이 들어가 보면 남녀를 불문하고 누구나 정신적으로 양성兩性의 특징을 동시에 지니고 있다는 것을 알게 된다. 아메리칸 인디언의 전통과 정신세계를 전파하는 영적 스승 하이예메요스츠 스톰 Hyemeyohsts Storm은 '모든 남자의 내면에는 여성의 심혼心魂이 있고, 모든 여자의 내면에는 남성의 심혼이 있다'고 했다. 고대 연금술사들도 같은 이야기를 했다.

"인간은 남자의 겉모습을 하고 있다 해도 그의 내면에는 이브, 곧 여성적 부분이 감추어져 있다."*

원시 문화의 주술사들은 저마다 병든 사람들을 치료하거나

---

* 르네상스 시대 이탈리아 학자들이 편찬한 연금술에 관한 논고 「헤르메티스 트리스메기스투스의 연금술Hermetis Trismegisti Tractatus vere Aureus」

시스티나 성당의 천장 벽화 '아담의 창조', 미켈란젤로 부오나로티 1508~1512년 작

아담Adam의 어원은 히브리어로, 성별의 구분이 생기기 이전에 신이 흙으로 창
조한 '사람' 또는 '인류'를 의미한다.

미래를 내다보는 방법을 알려주는 수호신을 갖고 있다. 남자 무속인의 수호신은 여성으로 그에게 정신적인 아내와 같은 역할을 한다. 여자 무속인 역시 자신의 수호신을 정신적인 남편으로 여긴다. 그들은 의식과 무의식의 경계를 넘나들며 내면의 정신적인 동반자와 소통한다. 루마니아의 종교학자인 미르체아 엘리아데Mircea Eliade는 『샤머니즘Schamanism』에서 무속인들이 내면의 동반자와 어떤 관계를 맺고 있는지에 대해 서술하고 있다.

> 그들은 내면의 동반자가 말하는 소리를 듣는다. '나는 당신을 사랑하오. 당신은 내 남편(아내)이고 나는 당신의 아내(남편)요. 내가 당신을 도와주는 혼령들을 데려다 줄 터이니 그들의 도움을 받아서 아픈 사람들을 치료하시오. 나도 당신을 가르치고 도와주겠소.' 그들은 매일 내면의 동반자와 함께 잠이 들고 잠에서 깨어난다.

신화나 고대 설화에서도 인간이 양성의 특징을 함께 갖고 태어난다는 것을 암시하는 이야기들을 종종 만날 수 있다. 구약의 창세기는 하느님이 여자를 만들고자 할 때, 아담을 깊이 잠들게 하고는 그의 몸에서 갈빗대 하나를 꺼내어 이브로 만들었다는 전설로 시작된다. 하느님은 양성적 존재이며, 그가 자신의 형상을 따라 창조한 최초의 인간은 남자인 동시에 여자였던 것이다. 이어서 창세기 2장 24절에서는 인간이 양성을 한 몸에 지닌 온전한 존재이던 것이 둘로 나누어지면서 떨어져 나간 반쪽과 다시 합치려는 갈망을 갖게 되었다고 이야기한다.

그로 인해 남자가 부모를 떠나 그의 아내와 합하여 둘이 한 몸을 이루는 것이다.

구약 성경뿐 아니라 고대 페르시아의 조로아스터교 경전이나 탈무드에서도 최초의 인간이 남성인 동시에 여성이었다는 발상을 찾아볼 수 있다. 이를테면, 신은 처음에 남성성과 여성성을 함께 지닌 양성 인간을 만들었는데 그 최초의 본래 인간은 비범한 자질을 지니고 있었다고 한다. 그 이미지는 카를 구스타프 융과 그의 동료들이 저술에서 자주 언급한 원초적 인간 안트로포스Anthropos*에 대한 묘사와 일치한다.

또한 플라톤의 『향연Symposium』에서는 희극작가 아리스토파네스Aristophanes가 그리스 신화에 나오는 최초의 인류에 대해 자세히 묘사하는 대목이 나온다. 그 최초의 인류는 몸통이 완벽하게 둥근 구球의 모양이었고 팔과 다리가 각각 네 개씩이었으며 머리 하나에 서로 반대쪽을 바라보는 두 얼굴을 갖고

* 융의 제자이자 동료인 마리-루이제 폰 프란츠Marie-Louise von Franz는 「동화에 나타나는 개성화 Individuation in Fairy Tales」에서 안트로포스에 대해 자세히 설명하고 있다.

있었다. 그런데 그들은 신들에 필적할 만큼 뛰어난 재능과 지능을 지니고 있었으므로, 신들이 두려워하고 시샘하던 끝에 그들의 능력을 줄이기 위해 둘로 갈라놓았다. 그래서 둥근 공 모양을 하고 있던 최초의 인류는 두 개의 반쪽으로, 곧 하나의 여성과 하나의 남성으로 쪼개졌고, 그때부터 지금까지 따로 떨어진 두 부분이 다시 합치기 위해 고군분투하고 있는 것이다.

그리하여 둘로 나뉜 존재가 자신의 다른 반쪽을 만나면, 그 한 쌍의 남녀는 서로에게 엄청난 사랑과 친밀감을 느끼게 되고, 마침내 한쪽이 다른 한쪽을 보지 못하면 잠시도 견딜 수가 없는 상태가 된다. 바로 그런 까닭에 남녀는 왜 그토록 서로를 갈망하는지 알지 못한 채 평생을 보낸다.

이러한 신화와 전설은 상징적이기는 하지만, 우주가 처음 시작되었을 때로 거슬러 올라가서, 최초의 생명은 원시 생물에서 볼 수 있듯이 암수의 구분이 없는 자웅동체로 시작되었다는 진화론의 입장과도 일맥상통한다. 남자에게서 여성 호르몬이 분비되고 여자에게서 남성 호르몬이 분비되는 것도 태초에 생명이 처음 시작되었을 때의 기원을 짐작하게 한다.

고대 그리스 도기에 그려진 '최초의 인간'

플라톤의 『향연』에는 아리스토파네스가 고대 그리스 신화에 나오는 최초의
인류에 대해 묘사하는 대목이 나온다. 그 최초의 인류는 몸통은 완벽하게 둥
근 구球의 모양이었고 팔과 다리가 각각 네 개씩이었으며 머리 하나에 남녀가
서로 반대쪽을 바라보는 두 얼굴을 갖고 있었다고 한다.

남자의 여성성, 여자의 남성성

그러면 우리 사회는 '남성'과 '여성'에 대해 어떤 생각을 갖고 있는지 점검해 보기로 하자. 남자와 여자는 실제로 어떤 차이가 있는가? 차이가 있다면, 남자와 여자는 태어날 때부터 선천적으로 다른 조건을 지니고 있는가? 아니면 단지 자라면서 사회적으로 주어진 역할과 상황에 적응한 결과인가?

후자의 관점에 의하면, 남자와 여자의 정신적인 차이는 그들이 속한 문화에 의해 결정된다. 다시 말해, 남자와 여자가 서로 다른 특성을 지니고 서로 다른 역할을 하는 이유는 사회가 그들에게 각각 다른 역할과 의무를 부과하기 때문이다. 남자와 여자는 기본적으로 차이가 없으며, 눈에 보이는 차이를 만드는 것은 단지 문화적 영향에 의한 것이다. 여자들이 보통 하는 일은, 출산과 관련된 생물학적 역할들을 제외하면, 대부분 남자들도 할 수 있다는 사실이 이러한 주장을 뒷받침한다. 그러니까 남자들이 하는 일을 여자들이 하지 않거나 여자들이 하는 일을 남자들이 하지 않는 것은 다만 사회적 기대에 따르는 것일 뿐이라는 것이다. 이러한 주장은 남녀평등을 실현해 가는 사회적 분위기와 맞물려 요즘 사람들에게 설득력 있게 다가온다. 남자와 여자의 차이를 이야기하려고 하면 '그런 사고방식은 우리 문화가 어릴 때부터 남자와 여자에게 기대하는 것이 다르기 때문에 생겨난 것일 뿐'이라는 반대에 부딪치기 십상이다.

하지만 이것은 남자와 여자의 차이를 사회적 역할의 측면에서 바라본 것이다. 이 책에서 우리는 남녀의 차이를 논하기에 앞서 남성성과 여성성의 원형이 존재하는지 하지 않는지부터 알아볼 것이다. 남자와 여자라는 생물학적·해부학적 차이와는 별개로 정신적·심리적 차원에서 남성적인 특성과 여성적인 특성이 있는 것은 부정할 수 없다.

예전과 달리 사회가 남자와 여자에게 각각 기대하는 역할이 거의 같다는 것은 분명하지만, 그렇다 해도 남성성과 여성성이라는 특성은 사라지지 않는다. 지금처럼 남녀가 성별과 관계 없이 같은 역할을 맡아서 할 수 있다는 것은 문화적 영향 이전에 애초부터 남녀 모두가 남성성과 여성성을 함께 갖고 있기 때문이라고 생각할 수 있다. 남자는 남성성이 강하고 여자는 여성성이 강하지만, 남자 역시 여성적인 측면을 갖고 있으며 여자도 마찬가지로 남성적인 측면을 갖고 있기 때문이다.

이것은 아마 심리학 이론보다는 이미지로 이해하는 편이 좀 더 수월할지도 모른다. 전기가 양극과 음극을 오가며 흐르는 것처럼, 우리의 정신은 남성성과 여성성이라는 양극을 오가면서 에너지를 발생한다. 이것은 한자의 양陽과 음陰의 원리가 지닌 의미와 유사하다. 한자의 양과 음은 어떤 역할이나 심리적 특성이 아니라 주로 이미지를 표현하는 단어다. '양'은 양지, 밝음, 하늘, 태양, 창조성, 남쪽 언덕, 강의 상류(해가 비치는) 등을 의미하며, '음'은 그늘, 땅, 어두움, 습기, 언덕의 북쪽, 강의 하류 등을 의미한다. 중국의 고서『주역周易』에 의하면 이러한 양과 음은 모든 생명체가 갖고 있는 정신의 양극이며 우주의 근본 원리로, 우리가 사는 세상 역시 음양의 상호 작용과 관계에 의해 그 방향이 결정된다.

고대 중국의 도교 경전인『태을금화종지太乙金華宗旨』에서도 남녀를 불문하고 인간이면 누구나 갖고 있는 정신의 양극성에 대한 설명을 볼 수 있다. 사람은 백魄이라고 부르는 세속의 정신과 혼魂이라고 부르는 신령한 정신을 갖고 있다. 혼과 백이 결합하여 조화를 이루면 몸과 마음이 건강하고 활력이 넘치지만 반대로 혼과 백이 분리되면 질병과 죽음을 초래한다. 또한 혼과 백은 에너지가 밖으로 향할 때 서로에게서 멀어지며, 안으로 들어와 합쳐지면 고결하고 강한 인격을 형성한다. 혼은 양에 해당하고 백은 음에 해당한다. 또한 남성성은 양에, 여성성은 음에 해당한다.

이와 같은 음양의 원리를 보더라도 사람은 누구나 남성성과 여성성을 동시에 지니고 있다. 그런데도 우리 내면에 남성성과 여성성이 함께 존재한다는 사실을 간과하고 있는 이유는 무엇 때문일까? 그것은 우리가 자기 이해와 성찰에 소홀한 삶을 살고 있기 때문이다. 사람들은 대부분 큰 고통이나 혼란에 부딪치면 자기 내면을 들여다보고 진실을 마주하는 시간을 갖는다. 하지만 그것도 잠시뿐, 현실적인 문제가 해결되면 곧바로 다시 외부로 눈을 돌리기 마련이다.

인류의 집단무의식

과학자들보다 먼저 세상의 이치를 통찰하는 시인들과 철학자들은 일찌감치 인간이 양성적인 존재라는 사실을 간파했다. 러시아 철학자 니콜라이 베르댜예프Nicholai Berdyaev는 『인간의 운명The Destiny of Man』에서 다음과 같이 말했다.

인간은 남성이나 여성인 동시에 양성적인 존재다. 우리 안에는 남성성과 여성성이 각각 다른 비율로 존재한다. 여성성이 완전히 없는 남자나 남성성이 완전히 없는 여자는 인간이 사는 이승과는 다른 세상에 사는 추상적인 존재일 것이다. 모든 남자와 여자가 양성적인 본성을 갖추고 있으나 온전한 인간이 되기 위해서는 여성성과 남성성이 서로 조화를 이루어야 한다.

이처럼 인간이 양성적인 존재라는 개념은 예로부터 전설이나 신화뿐 아니라 특별히 직관이 뛰어난 사람들에 의해 종종 언급되었다. 그리고 마침내 20세기에 와서 스위스의 정신과 의사이자 분석심리학자인 카를 구스타프 융이 남자의 내면에 있는 여성성과 여자의 내면에 있는 남성성을 아니마anima와 아니무스animus라는 심리학 용어로 부르고, 최초로 그 존재론적 의미에 대한 학문적 탐구를 시도했다.

앞으로 설명하겠지만, 융은 이러한 아니마와 아니무스라는 개념을 막연하게 직관의 차원으로 남겨 두지 않았다. 융은 심리학자였고 그의 학문적인 연구 분야는 인간의 정신이었다. 그의 생각은 이론가의 책상에서 만들어진 것이 아니라, 정신분석의로 일하면서 얻은 임상적 증거를 바탕으로 진지한 숙고와 깊은 통찰의 과정을 거쳐 도달한 것이다. 우리가 잠을 자면서 꾸는 꿈, 민간신앙, 동화, 신화, 위대한 문학 작품들, 그리고 무엇보다 현실의 남녀 사이에 펼쳐지는 부조리한 드라마에서 무의식 속에 아니마와 아니무스가 실재하고 있다는 경험적 증거를 찾을 수 있다고, 융은 말한다.

오스트리아의 정신과 의사이며 정신분석학의 창시자인 지그문트 프로이트는 인간 정신의 심층에 자리 잡은 무의식이 우리의 의식적인 사고와 행동을 통제한다는 이론을 수립했다. 그는 무의식이란 기억, 본능, 감정 등이 억압되어 우리의 의식으로부터 멀어져 버린 영역으로 그 내용은 대부분 성적인 문제와 관련

프로이트는 인간의 정신적인 문제가 무의식에 억눌려 있는 성적인 경험과 충동에서 비롯된다고 보았다. 하지만 융은 프로이트가 말하는 무의식만으로는 설명할 수 없는 부분이 우리의 정신 속에 잠재되어 있다고 보았다. 우리가 어릴 때부터 경험한 기억들이 축적된 것이 개인 무의식이라면, 그보다 더 깊은 곳에는 인간이라면 누구나 공통적으로 갖고 있는 집단 무의식이 있다.

이 있다고 주장했다. 당시에 스위스의 정신병원에서 일하던 카를 구스타프 융은 무의식에 대해 프로이트와 견해를 함께하고 정신분석학파의 핵심 인물로 활동하기도 했으며, 프로이트는 융이 누구보다 자신의 이론을 분명히 이해하고 더욱 발전시켜 줄 것이라고 기대했다.

그러나 융은 인간의 정신적인 문제를 모두 성적인 관점에서 바라보는 프로이트의 이론에 회의적인 입장을 취했고, 결국 분석심리학이라는 새로운 영역을 구축한다. 그는 환자들과 자신의 꿈을 분석하고 연구하는 과정에서 우리의 꿈에 나타나는 환상이나 상징이 전 세계 고대 신화나 민담에서 볼 수 있는 이미지들과 일치한다는 사실에 주목하고 개인의 무의식과는 다른 차원의 무의식에서 해답을 찾기 시작했다. 융은 우리가 유아기 때부터 경험한 내용과 반복적인 학습에 의한 기억들로 이루어진 개인 무의식에서 더 깊이 들어가면 인간의 정신 속에는 누구나 태어날 때부터 갖고 있는 집단 무의식이 자리 잡고 있다는 결론을 도출하고 『원형과 집단 무의식The Archetypes and the Collective Unconscious』에서 다음과 같이 선언한다.

우리의 의식에 어느 정도 가까이 있는 무의식의 내용은 분명히 개인적이다. 우리는 그것을 개인 무의식이라 부른다. 그리고 이러한 개인 무의식보다 더 깊은 심층에는 개인의 경험이

나 습득에 의한 것이 아닌 선험적 내용으로 이루어진 집단
무의식이 있다. 내가 집단이란 표현을 사용하는 이유는 그 내
용이 개인적인 것이 아닌 보편적인 성질을 갖고 있기 때문이
다. 다시 말해, 집단 무의식은 모든 사람들에게 동일하게 존재
하는, 초개인적인 성질을 지닌 정신으로 이루어져 있다.

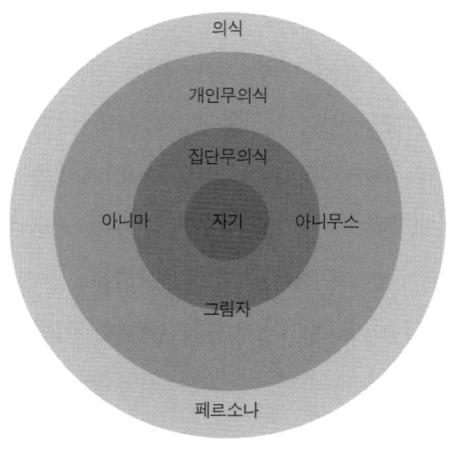

인간의 정신 구조

집단 무의식은 우리의 먼 조상들이 경험한 기억들이 축적되
고 침전되어 모든 인류가 보편적인 방식으로 생각하고 느끼고
행동하도록 만드는 기본적인 조건들로 구성되어 있다. 집단 무의
식을 구성하는 이러한 조건들을 융은 '원형'이라고 이름하였다.

더 나아가서 그는 집단 무의식을 구성하는 무수한 원형들 중에서도 남자의 무의식에는 여성성의 원형적 심혼이, 여자의 무의식에는 남성성의 원형적 심혼이 존재한다고 가정하고 각각 아니마와 아니무스라고 이름을 붙였다. 우리의 무의식 속에서 활동하는 이 원형들은 우리가 남자나 여자라는 성정체성을 기초로 해서 생각하고 느끼고 행동하는 방식에 영향을 미친다. 융은 아니마와 아니무스라는 원형이 남녀의 무의식 속에 각각 존재하는 원리를 생물학에서 말하는 우성이나 열성 유전자에 빗대어 설명하기도 했다.

아니마는 남자가 갖고 있는 열성의 여성 유전자, 아니무스는 여자가 갖고 있는 열성의 남성 유전자가 인격화된 것이다.

심리학에서는 우리가 사회생활을 하기 위해 취하는 태도나 생각, 행동 규범, 역할을 수행하는 것을 페르소나Persona 또는 외적 인격이라 부른다. 남자 또는 여자라는 성 정체성 역시 페르소나에 해당된다. 오랜 세월에 걸쳐 남성과 여성에 대해 고정관념을 형성해 온 사회에서 우리는 성별에 따른 역할을 받아들이며 성장한다. 그 과정에서 남자들은 자신이 갖고 있는 여성성을 억압하고 여자들은 자신이 갖고 있는 남성성을 억압하는 경향이 점점 더 강화된다.

남자와 여자는 모두 내면에 양과 음의 특성을 갖고 있지만, 남자는 보통 자신의 자아를 남성성과 동일시하고 여자는 자신의 자아를 여성성과 동일시하는 과정에서 남자의 여성성과 여자의 남성성은 무의식으로 숨어버리는 것이다. 결국, 남자와 여자를 다르게 만드는 차이는 결코 남자는 전적으로 양이며 여자는 전적으로 음이기 때문이 아니다.

투사, 나의 내면을 비추는 거울

"나의 일부가 아닌 것은 결코 나를 괴롭힐 수 없다."

독일 태생의 대문호 헤르만 헤세가 한 말이다.

우리 자신이 갖고 있는 성향이나 습성인데도 우리의 의식이 지향하는 이상적인 기준에 부합하지 않는다고 느껴서 부정하고 억압하고 있는 부분을 심리학에서는 '그림자 인격'이라고 한다. 이러한 그림자 인격은 다른 사람들의 눈에는 종종 보이지만 정작 자기 자신은 알아채지 못한다. 이를테면 우리는 교만하고 속물적이라거나, 우유부단하고 나약하다거나, 아니면 탐욕스럽고 이기적인 속성을 갖고 있다는 것을 부정하고 싶어한다. 하지만 이런 그림자 인격은 때로 잠깐 방심하는 순간 무심코 저지르는 부주의한 행동으로 그 모습이 외부로 드러날 수 있다. 아니면 누군가에게서 비난을 받거나 거부를 당할 때 비로소 깨닫기도 한다. 우리가 이러한 속성들을 드러내는 사람들을 보고 화를 내는 이유는 물론 그들의 행동이 다른 사람들에게 피해를 주기 때문이기도 하지만, 우리 자신 또한 그러한 그림자를 갖고 있다는 것을 부정하기 위해 타인에게 떠넘기려는 일종의 방어기제가 작용하는 경우도 있다.

이처럼 우리의 무의식에 잠재되어 있는 생각, 감정, 동기, 소망 등을 타인에게 돌리는 것을 투사投射(Projection)라고 한다. 우리가 투사하는 무의식의 내용은 마치 내가 아닌 그 사람에게 속해 있는 것처럼 보인다. 아니마와 아니무스 역시 우리의 무의식 깊은 곳에 숨어 있어서 직접 인식할 수는 없지만 투사를 통해 그 존재를 드러낸다.

사실 남자가 가진 여성성과 여자가 가진 남성성은 우리의 자아의식이 좀처럼 받아들이기 힘든 그림자 인격에 속한다. 남자와 여자라는 성별은 우리의 정체성을 결정하는 가장 기본적인 요인이기 때문이다. 이런 이유로, 융은 우리의 의식이 그림자 인격을 인정하고 받아들이는 것을 '도제의 작품'이라면 아니마나 아니무스를 인정하고 받아들이는 것은 '장인의 작품'이라고 말했다. 그만큼 아니마와 아니무스를 우리의 의식과 결합시키는 것은 결코 쉽지 않은 과정이다.

우리 내면의 아니마와 아니무스가 다른 사람에게 투사될 때 어떤 일이 일어날까? 대표적인 예로, 어떤 이성에게 왠지 모를 끌림을 느낀다면 그 사람에게 우리 내면에 존재하는 아니마나 아니무스를 투사하고 있는 것이다. 아니마와 아니무스는 우리를 강렬한 감정에 사로잡히게 만드는 신비스러운 에너지를 지니고 있다.

일반적으로 남자는 여자에게 아니마를 투사하고, 여자는 남자에게 아니무스를 투사한다. 남자가 어떤 여자에게 긍정적인 아니마를 투사하면 그 여자는 그에게 행복과 은총을 가져다주는 신비로운 여신이자 에로틱한 환상과 성적 갈망의 대상이 된다. 그리하여 그 여자와 함께할 수 있다면 모든 것을 희생할 수 있을 것처럼 느낀다. 이 때 그 여자의 본 모습은 남자의 무의식이 선망하는 이상적인 여신의 이미지에 의해 가려진다. 사랑을 하면 눈에 콩깍지가 쓰인다는 속담이 바로 이런 상태를 두고 하는 말이다.

남자로부터 아니마의 투사를 받는 여자는 처음에는 구름 위를 걷고 있는 듯한 기분을 느낀다. 하지만 얼마 안 가 뭔지 모를 불편함이 느껴지기 시작할 것이다. 남자는 여자가 자신이 투사한 아니마의 이미지에서 벗어날 때마다 못마땅해하거나 질투를 한다. 남자가 여자를 있는 그대로 보려 하지 않고 자신이 투사한 아니마의 이미지를 보려고 하기 때문이다. 결국 여자는 남자가 만들어놓은 상자 속에 갇혀 있는 것처럼 숨이 막힌다. 또한 남자의 성적 접근이 사랑이 아닌 강박적인 행동으로 느껴져서 두려워진다. 남자는 성관계를 통해 잠시나마 여자와 하나가 되고자 하지만 여자는 심리적 갈등을 먼저 해결하기를 원한다. 이런 엇갈린 시도는 두 사람 사이를 점점 더 멀어지게 만들 뿐이다.

그러다 보면 긍정적인 투사는 어느 날인가부터 부정적인 투사로 바뀐다. 여자에게 투사되던 긍정적인 아니마 대신 부정적인 아니마가 투사되면 남자는 여자가 하는 모든 행동이 눈에 거슬리기 시작한다. 한때 여신처럼 고귀하게 여겨지던 여자는 이제 그를 괴롭히는 마녀가 된다. 이때 남자가 느끼는 불편한 감정은, 나중에 다시 설명하겠지만, 그 자신이 갖고 있는 여성적인 측면에서 비롯된다.

여자도 역시 남자에게 자신의 아니무스를 투사한다. 여자가 남자에게 긍정적 아니무스의 이미지를 투사하면 그 남자는 그 여자의 구원자이며 영웅이 된다. 여자는 그가 이상적인 연인이며 완벽한 남자라고 생각하고, 그의 존재를 통해 자신의 영혼을 찾은 것처럼 느낀다. 이런 투사가 일어나면 여자의 눈에 남자가 실제보다 훨씬 더 대단한 사람으로 보이고, 나방이 불 속으로 뛰어들 듯이 그에게 맹목적으로 헌신하게 된다.

하지만 여자가 아니무스를 투사하는 남자는 알고 보면 그다지 훌륭한 인격을 갖추지 못한 사람이기가 쉽다. 여자의 아니무

영국의 쾌속선 커티샥의 이물에 세워져 있는 여성상

남자들은 여자에게는 물론 자동차나 배 등의 물건에도 아니마를 투사한다. 자동차나 배를 여성대명사로 부르는 것은 이러한 무의식이 작용된 것으로 볼 수 있다고 마리 루이제 폰 프란츠Marie-Louise Von Franz는 말한다.

스는 특히 말재주가 뛰어난 남자에게 쉽게 투사되는 경향이 있다. 예를 들어, 나치 정권 하에서 많은 독일 여자들이 아돌프 히틀러에게 아니무스를 투사한 듯하다. 그가 연설을 할 때의 모습에서는 강력한 원형의 남성성이 엿보였다. 게다가 그는 사람들을 감동시키고 흥분시키는 뛰어난 언변을 갖고 있었다. 언젠가 나는 나치 독일 시대를 살았던 유대인 여자에게 어떻게 독일 여자들이 귀한 아들들을 기꺼이 히틀러의 전쟁 기계로 내보낼 수 있었는지 이해할 수 없다는 이야기를 했다. 그녀의 대답에 의하면, 독일 여자들이 히틀러의 웅변에 매료된 나머지 그가 원하는 것은 무엇이든 바칠 준비가 되어 있었다는 것이다.

여자로부터 긍정적인 아니무스의 투사를 받는 남자 역시 그 강력한 이미지에 동화되어 우쭐한 기분을 느낀다. 하지만 터무니없는 자기만족에 빠져 있는 사람이 아니라면 얼마 안 가 상대방이 자신을 과대평가해서 비현실적인 기대감을 갖고 있는 것에 대한 부담을 느끼기 시작할 것이다.

융은 그 자신이 많은 여자들로부터 아니무스의 투사를 받은 것으로 잘 알려져 있다. 융이 명성을 얻기 시작하면서 그의 개혁적인 사상에 관심을 가진 상류층 여자들이 그가 교수로 있던 취리히 대학으로 찾아와 강의실 앞자리를 점령하기 시작했다. 그들이 좋은 자리를 다 차지해 버려서 정작 학생들은 뒤에 서서 강의를 들어야 할 정도였다. 융과 함께하는 시간을 갖기 위해 기꺼이 그의 환자가 된 여자들도 있었다. 그런 여자들을 일컬어서 '융의 부인들' 혹은 '발키리들(북유럽 신화에 나오는 오딘 신의 12신녀─옮긴이 주)'이란 별명이 생겨나기도 했다. 융은 여자들이 자신에게 매혹되는 것을 아니무스가 투사되는 것이라고 여기고 부담스럽게 생각했다. 「환영에 대한 세미나 2부The Visions Seminars, Part 2」에서 그는 여자들로부터 아니무스의 투사를 받는 것이 어떤 기분인지 비유적으로 설명했다.

어떤 여자가 나에게 아니무스를 투사하고 있다고 생각하면 마치 내 안에 시신이 들어 있는 무덤이 된 것처럼 느껴진다. 그 시신은 아주 무겁기 짝이 없다. 결국 나는 온갖 해충이 득실거리는 무덤이 된다. 마치 애벌레의 몸에 말벌의 알들이 들어 있는 것 같다. 그 알들은 부화를 하면서 안에서부터 애벌레를 파먹기 시작한다. 아주 징그럽고 께름칙한 느낌이다.

많은 여자들로부터 아니무스의 투사를 받는 남자, 또는 많은 남자들로부터 아니마의 투사를 받는 여자는 자신에게 투사되는 이미지를 자신의 본모습으로 착각하기 쉽다. 하지만 그 이미지는 다른 사람들의 무의식이 만들어낸 허상에 불과하며 만일 아니마나 아니무스의 투사를 그대로 받아들인다면 그 이미지에 갇혀서 더 이상 자신을 발전시킬 수 없다는 것을 융은 누구보다 잘 알고 있었다.

아니마와 아니무스는 이처럼 투사를 통해 때로는 긍정적인 이미지로, 때로는 부정적인 이미지로 그 모습을 드러낸다. 그래서 자석이 또 다른 자석과 만나서 서로를 끌어당기거나 물리치는 것처럼 거부할 수 없는 매혹을 느끼거나 이유를 알 수 없는 혐오감을 갖게 된다. 마치 그리스 신화의 신들이 인간에게 은총을 내리기도 하고 파멸시키기도 하는 것처럼 말이다. 따라서 우리가 아니마와 아니무스를 투사하는 사람에 대해서는 객관적인 평가가 불가능해진다.

이러한 투사는 우리가 의도적으로 하는 것이 아니라 저절로 일어나는 것이다. 무의식의 내용만이 투사가 되며, 일단 의식으로 들어온 내용은 투사가 될 수 없다. 즉, 무의식의 내용이 의식으로 들어오면 투사는 중단된다. 거꾸로 말하면, 무의식의 내용은 투사가 일어나지 않는 한 의식과 만나는 기회가 주어지지 않는다. 따라서 투사를 인식하면 우리의 무의식이 담고 있는 내용을 볼 수 있는 기회로 만들 수 있다.

아니마와 아니무스를 포함해서 우리 자신의 그림자 인격을 인식하는 것은 인격의 성장에서 매우 중요한 단계다. 다른 사람에게서 보는 어두운 측면들을 우리 자신도 갖고 있다는 사실을 깨닫고 인정할 때 투사가 멈추어지면서 내면의 성장이 시작되기 때문이다. 우리의 행동에 대해 스스로 책임을 지게 되고, 터무니없는 비난에 상처를 받지 않고 의연하게 대처할 수 있다. 사람들이 서로를 비난하고 탓하는 이유가 그들 자신의 내면이 드러나는 것을 두려워하기 때문이라는 것을 알면 미움보다 연민을 느낄 수 있다.

우리는 왜 사랑에 빠지는가?

사랑을 하면 마음의 문을 활짝 열고 나 자신보다 상대방을 더 많이 생각하고 염려하게 된다. 이것은 개인적인 이기심을 극복하고 타인과의 조화와 합일을 향해 가는 매우 중요한 경험이다. 특히 젊은이들이 사랑에 빠지는 것은 자연스럽고 아름다운 본능이며 그 결말이 행복하든 불행하든 그렇게 해서 인류 역사는 계속된다. 사랑의 감정이 없다면 이 세상은 무미건조해질 것이다. 또한 남자와 여자는 서로 다르기 때문에 처음엔 서로를 강력하게 끌어당기는 힘이 필요하다.

한 남자와 한 여자가 동시에 서로에게 아니마와 아니무스의 긍정적 이미지를 투사할 때 그들은 어떤 시련이 닥쳐도 무너지지 않을 완벽한 사랑을 하고 있다고 느낀다. 처음 사랑에 빠진 연인들은 불꽃이 튀는 것처럼 강렬한 감정에 휩싸인다. 두 사람은 사랑의 밀어를 속삭이며 평생을 함께할 천생연분을 만났다고 굳게 믿는다.

하지만 단지 '사랑에 빠진 느낌'에만 기초한 관계는 오래 지속될 수 없다. 현실적으로 감당해야 하는 스트레스가 없는 상상의 세계 속에서만 가능할 뿐이다. 남녀가 일상적인 환경 속에서 허물없이 지내다 보면 얼마 안 가 상대방이 불완전한 인간이라는 것을 알게 된다. 아니마나 아니무스의 투사가 거두어져 환상에서 깨어나면 상대방이 더 이상 특별하지 않고 평범해 보인다. 그러면 두 사람이 서로에게 투사한 아니마와 아니무스의 매혹적인 이미지가 사라지면서 사랑의 불꽃이 꺼져버린다. 게다가 현실적인 문제로 갈등이 생기면 언제라도 부정적인 투사가 일어날 수 있다. 매력적이고 근사하게만 보이던 사람에게서 결함과 부족함이 보이기 시작한다. 한때의 영웅이 이제는 실망감을 주고 자존심을 상하게 만드는 괴물이 된다. 그래서 남녀는 종종 사랑이 식었다고 생각하고 또 다른 이성에게 눈을 돌린다. 그럴 때 우리는 어떤 선택을 할 것인가? 사랑이 끝났다고 생각하고 완벽한 행복감을 선사하는 또 다른 이성을 찾아 헤맬 것인가?

낯선 사람과 첫눈에 사랑에 빠지는 것은 결국 우리 자신의 영혼 속에 있는 남신과 여신의 이미지를 사랑하는 것이며 어떤 면에서 우리 자신을 사랑하는 것이나 다름없다. 현실에서는 어느 누구도 우리 마음속에 있는 남신과 여신의 빛나고 고귀한 자태를 영원히 유지하지 못한다. 아름답기만 한 사랑을 꿈꾸는 것은 어쩌면 철저하게 이기적인 심리 상태다. 진정한 사랑은 상대방을 있는 그대로 이해하고 인정하고 좋아할 수 있을 때 비로소 시작되는 것이다.

그렇다고 해서 투사가 잘못된 것이라고 말할 수는 없다. 아니마와 아니무스의 투사는 인류가 시작된 이래로 축적되어 온 집단 무의식이 작용하는 것으로, 개인이 의도하거나 제어할 수 있는 문제가 아니기 때문이다. 다시 말하지만, 아니마와 아니무스는 우리의 의지와는 상관없이 무의식에 의해 이성에게 투사된다. 이러한 투사를 인식하면 상대방과 우리 자신의 영혼에 대한 진실을 알게 되고 인격을 성숙하게 하는 기회로 삼을 수 있다. 어떤 사람을 진정으로 사랑하기 위해서는 그 사람을 있는 그대로 인정하고 현실적인 기대를 할 수 있어야 한다. 당연히 이것은 노력을 필요로 하는 어려운 일이다. 투사는 그 자체로 나쁘거나 좋은 것이 아니며, 우리가 투사를 인식하고 대처하는 방법이 중요할 뿐이다.

남자 내면의 아니마와 여자 내면의 아니무스는 결국 우리의 인격이 성별에 의해 어느 한쪽으로 치우치지 않도록 보완하는 기능을 한다. 또한 그 과정에서 우리의 삶에 생명력과 활기를

42

부여하며 궁극적으로 온전한 인격과 개성을 발견하도록 인도한다. 융은 아니마와 아니무스라는 이름을 생명을 불어넣는다는 의미의 라틴어 '아니마레Animare'에서 가져왔다. 프로이트가 무의식을 우리의 발목을 잡고 있는 억압된 기억으로 간주하고 무의식에서 자유로워지는 방법을 도모했다면, 융은 무의식이 우리의 의식에 활력을 주고 창조적 기능을 하는 삶의 원천으로 여기고 무의식과의 소통과 화해를 추구한 것이다.

세기의 사랑 이야기

위대한 시인들은 사랑에 빠진 상태가 일상생활의 스트레스를 견디지 못하고 언젠가는 시들해진다는 것을 누구보다 잘 알고 있었다. 하지만 남녀의 열정적이고 낭만적인 사랑이 시간이 지나면서 식어버린다는 사실은 사람들이 듣고 싶어 하는 이야기가 아니다. 냉정한 현실을 직시하기보다는 죽음도 갈라놓지 못하는 완벽한 사랑을 만나 저세상에서라도 행복하게 사는 달콤한 환상을 꿈꾸기 때문이다.

러브스토리의 작가들은 독자들이 이러한 사랑의 환상에서 깨어나지 않도록 하기 위해 주인공 남녀의 운명을 파국으로 몰아간다. 사랑하는 남녀가 결혼을 하고 프라이팬을 사러 시장에

가서 옥신각신 다투는 장면으로 끝나는 이야기는 독자들에게 이렇다할 감흥을 주지 못한다. 그래서 셰익스피어는 『로미오와 줄리엣』의 결말을 두 사람이 이 세상에서 사랑의 결실을 맺지 못한 채 안타까운 죽음을 맞는 것으로 끝내야 했다. 『아서왕의 전설』에 등장하는 랜슬럿과 귀네비어의 사랑 역시 비극으로 끝난다. 게다가 아서왕의 아내인 귀네비어와 기사 랜슬럿의 금지된 사랑은 원탁의 기사들 간의 충성과 신의가 무너지고 카멜롯의 이상 국가가 붕괴하기에 이른 결정적 원인이 되었다.

　우리 내면에 존재하는 아니마와 아니무스가 투사되면서 첫눈에 사랑에 빠지는 이야기는 역사적인 실화에서도 얼마든지 찾아볼 수 있다. 이탈리아 르네상스 문학의 지평을 열었던 위대한 시성 단테가 그의 영원한 연인 베아트리체를 처음 만난 것은 두 사람이 겨우 아홉 살 때였다. 단테는 베아트리체를 처음 본 순간 사랑에 빠진다. 누군가를 첫눈에 사랑하게 되는 것은 당연히 아니마와 아니무스의 투사가 작용한 것이다. 그러지 않으면 처음 만나는 생면부지의 사람을 어떻게 그토록 열렬히 사랑할 수 있겠는가? 단테가 훗날 『새로운 인생 La Vita Nuova』에서 베아트리체의 모습을 보고 첫눈에 사랑에 빠졌을 때를 묘사한 글은 아니마가 투사된 이미지가 그에게 얼마나 강력한 감정을 불러일으켰는지를 짐작하게 한다.

그날 그녀는 더할 나위 없이 고상하고 차분한 진분홍색 드레스를 입고 어린 나이에 어울리는 장식과 띠를 두르고 있었다. 진실로 이야기하자면, 바로 그 순간에 내 심장의 비밀스러운 방 안에 기거하고 있던 생명의 기운이 너무나 크게 요동치는 바람에 미세한 혈관들까지도 더불어 격하게 떨리기 시작했고, 그 떨림 속에서 이런 소리가 들려왔다. 보라, 나보다 강한 신이 나를 지배하러 오는구나. (중략) 그 순간부터 사랑이 내 영혼을 완전히 사로잡았다.

단테는 열여덟 살이 되어서야 다시 베아트리체와 마주칠 수 있었는데 그 두 번째 만남은 다음과 같이 묘사했다.

우연히도 그 아름다운 숙녀는 순백의 옷을 입고 내 앞에 나타났다. 그녀는 거리를 걷다가 무심코 눈길을 돌려 어쩔 줄 모르고 서 있는 나를 바라보았다. 그녀는 말할 수 없이 예의 바르게 나에게 목례를 하고 지나쳐갔다. 그 고결한 자태에서 나는 순간 지고의 행복을 눈으로 목격했다. 그렇게 도취된 상태로 나는 그곳을 떠나왔다. 그때 내 머릿속에 시상이 떠올랐고 소네트를 쓰기 시작했다.

잠깐씩 스쳐 지나간 두 차례의 만남을 관계라고 부를 수 있

'단테와 베아트리체의 만남', 헨리 홀리데이 1883년 작

'그녀의 고결한 자태에서 나는 순간 지고의 행복을 눈으로 목격했다. 그렇게 도취된 상태로 나는 그곳을 떠나왔다. (중략) 그때 내 머릿속에 시상이 떠올랐고 소네트를 쓰기 시작했다.'

　　　　　　　　　　　　　　　　　　　　　　—『새로운 인생 La Vita Nuova』

다면, 현실에서 단테와 베아트리체의 관계는 사실 그렇게 허무하게 끝나 버렸다. 하지만 단테는 사랑이라는 감정을 통해 자신의 영혼을 만날 수 있었고 시인으로서 본격적인 활동을 시작했다. 단테는 베아트리체에게 바치는 다수의 아름다운 소네트를 썼으며, 불후의 서사시『신곡La Divina Commedia』에는 베아트리체와 함께 천국을 유람하는 것으로 영원한 사랑의 결실을 맺는 이야기가 나온다. 베아트리체는 23세에 다른 사람과 결혼했으며 그 이듬해 세상을 떠났다. 하지만 단테는 그녀에 대한 사랑을 평생 동안 간직하면서 견고하고 창조적인 작품으로 승화시켰다.

그런가 하면, 로마 제국의 장군 마르쿠스 안토니우스의 사랑은 전혀 다른 결말에 이르렀다. 기원전 44년 카이사르가 암살을 당한 후, 그의 양자인 옥타비아누스가 제국의 서쪽을 통치하고 안토니우스는 동쪽을 통치하게 되었다. 안토니우스는 새로운 영지로 가서 동맹국의 왕들과 여왕들로부터 충성 서약을 받았는데 그중에 이집트 여왕 클레오파트라가 있었다. 역사학자이며 철학자인 윌 뒤란트Will Durant는 클레오파트라에 대해『카이사르와 예수Caesar and Christ』에서 다음과 같이 묘사하고 있다.

클레오파트라는 원래 마케도니아계 그리스인으로 아마 머리

색이 흑발이 아닌 금발에 가까웠을 것이다. 그녀는 뛰어난 미인은 아니었지만 여왕이라는 지위에 어울리는 우아한 자태와 쾌활한 성격, 다양한 업적, 상냥한 말씨, 감미로운 목소리로 로마 장군들의 마음을 사로잡았다. 그녀는 역사, 문학, 철학에 정통했을 뿐 아니라 그리스어, 이집트어, 시리아어를 포함해서 여러 언어를 구사했으며 자유분방하고 유혹적인 자태와 지적인 매력을 겸비하고 있었다.

클레오파트라는 안토니우스를 만나기 위해 유람선에 몸을 싣고 키드누스 강을 따라 올라오고 있었다. 선미를 금빛으로 장식하고 보라색 돛을 올린 배가 플루트와 파이프와 하프의 연주에 맞추어 은빛 노들을 앞뒤로 움직이며 다가왔다. 마침내 금실로 짠 천막 아래 누워 있던 클레오파트라가 바다 요정처럼 꾸민 아름다운 시녀들의 호위를 받으며 비너스 여신과도 같은 아름다운 자태를 드러냈다. 안토니우스는 그토록 '유혹적인 환영'을 만나는 순간 그녀에게서 영원히 헤어날 수 없는 사랑에 빠졌다. 클레오파트라는 안토니우스의 지배를 받는 입장이었지만 실질적으로는 오히려 그를 지배하고 마음대로 휘두르기 시작했다. 안토니우스는 결국 옥타비아누스의 누이 옥타비아와 이혼을 하고 이집트의 여왕 클레오파트라를 아내로 맞이하기에 이르렀다. 그리고 클레오파트라와 그녀가 카이사르와의 사이에서 얻은 아들에게 광대한 영토를 나누어 주었다. 이에 분개한 옥타비아누스는 원로원을 설득해 안토니우스를 제거하기로 결정했다.

안토니우스와 클레오파트라의 연합군은 옥타비아누스의 로마 군대와 해전을 벌였다. 안토니우스로서는 육지전이 훨씬 유리했지만 함대를 갖고 있었던 클레오파트라가 해전을 원했기 때문에 그녀의 환심을 사기 위해 바다에서 결전을 치르기로 했다. 기원전 31년, 그 유명한 악티움 해전에서 안토니우스는 초대형 갤리선으로 구성된 함대에 10만 대군을 태우고 출항했다. 옥타비아누스는 작지만 움직이기 수월한 작은 배들로 그들과 격돌했다. 안토니우스의 군인들은 해전에 경험이 없거나 외국에서 고용한 용병들이었던 반면 옥타비아누스의 군인들은 경험이 많고 충성스러운 로마인들이었다. 한창 전투가 벌어지고 있을 때 클레오파트라의 전함 60척이 돛을 올리더니 갑자기 전속력으로 후퇴하는 것이 보였다. 그때 안토니우스는 더 이상 지휘관으로서 자격이 없다는 사실을 만천하에 보여주었다. 안토니우스는 마치 그의 영혼이 클레오파트라에 의해 움직이는 것처럼, 사력을 다해 싸우고 있는 부하들을 버려둔 채 그녀의 뒤를 따라가기 시작했다. 지휘관을 잃은 안토니우스의 군대는 전투에서 패배했다. 살아남은 군인들은 다시 육지에서 모여 안토니우스가 돌아오기를 기다리다가 옥타비아누스에게 투항할 수밖에 없었다. 이집트로 돌아간 안토니우스는 자괴감에 빠져 우울

'안토니우스와 클레오파트라의 만남', 로렌스 알마 타데마1883년 작

마침내 클레오파트라가 금실로 짠 천막 아래 누워서 바다 요정처럼 꾸민 아름
다운 시녀들의 호위를 받으며 비너스 여신과도 같은 아름다운 자태를 드러냈
다. 안토니우스는 그토록 '유혹적인 환영'을 만나는 순간 그녀에게서 영원히 헤
어날 수 없는 사랑에 빠졌다.

한 나날을 보내다 결국 죽음을 택했고 클레오파트라 역시 그의 뒤를 따라 스스로 목숨을 끊었다.

단테와 안토니우스가 사랑하는 여인을 만난 후 전혀 다른 인생의 행보를 걷게 된 이유는 그들이 아니마 투사에 대처한 방식이 달랐기 때문이다. 단테는 비록 베아트리체와의 사랑을 현실에서 이루지 못했으나 그 경험을 통해 자신의 창조적인 영혼을 발견하고 위대한 문학작품들을 탄생시켰다. 반면에 안토니우스는 클레오파트라를 만나 사랑의 결실을 맺었으나 타고난 용맹함과 결단력을 상실하고 실패한 지휘관으로 생을 마감했다. 이들의 이야기는 남녀의 사랑이 우리 자신의 진정한 개성과 잠재력을 새롭게 발견하는 길을 안내할 수 있는 반면, 주어진 능력과 주체성을 잃어버리고 파멸에 이르게 할 수도 있다는 사실을 증거해 준다.

매혹이 불러오는 환상

굳이 소설이나 역사적 사건을 빌려오지 않더라도, 아니마와 아니무스의 투사가 실제로 누구에게나 일상적으로 일어날 수 있다는 증거는 우리 주변에서 얼마든지 찾아볼 수 있다. 심리치료사들은 거의 매일 남녀 관계에서 아니마와 아니무스의 투사로 인해 일어나는 우여곡절을 듣고 있다.

　30대 중반의 엘리노어는 남편이 자신을 버리고 다른 여자에게 가버리자 심리적으로 큰 충격을 받고 나를 찾아왔다. 그녀는 7년 전에 결혼을 했고 해군인 남편은 종종 먼 바다로 해상근무를 나가곤 했다. 그런데 어느 날 갑자기 남편에게서 다시는 집에 돌아오지 않을 것이라는 편지를 받았다. 그는 엘리노어를 좋아하지만 사랑하지는 않으며 자신에게는 '영원히 사랑하는' 여자가 따로 있다고 했다. 그는 엘리노어와 결혼을 해서 7년 동안 살면서도 오래전에 헤어진 첫사랑에 대한 기억을 떨쳐버릴 수 없었고, 그래서 이제 그녀에게 돌아가겠다는 것이었다.

　엘리노어의 남편은 기어코 그동안 그리워하던 첫사랑의 여인을 만나러 갔다. 그는 결혼을 해서도 그녀를 잊지 못하는 이유가 자신의 진정한 반쪽이기 때문이라고 믿었다. 그 여자 역시 결혼을 해서 아이들을 키우고 있었지만 그는 개의치 않았다. 그는 그녀에게 남편과 헤어지고 자신과 함께 살자고 설득했다. 그 여자도 남편과의 사이가 좋지 않았는지, 아니면 오랜 세월이 지나서도 자신을 잊지 못하고 찾아온 남자를 보고 감동을 받았는지 그의 구애를 받아들였다.

　한편 엘리노어는 마음의 상처를 받고 한동안 깊은 절망에서 헤어나지 못했으나 어느 순간 더 이상 남편의 철없는 행동을 참을 수 없다고 판단했다. 그녀는 남편과의 관계가 그렇게 허술한 것이라면 차라리 헤어지는 편이 낫겠다는 생각이 들었다. 그녀는 남편과의 사이에서 아이가 없었으므로 홀가분한 마음으로 이혼 서류에 서명을 했고 시간이 지나면서 마음의 상처를 극복하고 자존감을 회복했다.

하지만 엘리노어의 남편은 다시 만난 첫사랑의 여자와 고작 두세 달 남짓 관계를 지속했을 뿐이다. 그는 결국 그 여자와 헤어지고 다시 엘리노어를 찾아와서 '환상'을 좇아 떠났던 자신의 어리석은 행동을 뒤늦게 후회하며 눈물을 흘렸다. 하지만 엘리노어는 그를 받아주지 않았다.

엘리노어의 이야기는 전형적인 아니마 투사에서 볼 수 있는 모든 특징을 갖추고 있다. 그녀의 남편은 첫사랑의 여자를 찾아 갔으나 두어 달 함께 살아본 그 여자는 운명이 정해준 연분이 아니라 단지 그의 아니마가 투사된 심상이었을 뿐이다. 아내와의 관계보다 아니마가 불러일으키는 환상에 휘말려 아내를 떠난 그는 분명 정신적으로나 도덕적으로 성숙하지 못한 남자였다. 만일 그가 이후에라도 자신이 아니마가 투사된 이미지에 사로잡혀 있었다는 사실을 깨닫는다면 그 경험을 통해 좀 더 성숙해질 수 있을 것이다.

그런가 하면 제인은 스스로 자초해서 잘못된 길로 들어선 경우다. 그녀는 행복한 결혼생활을 하고 있었으나 어느 날 우연히 만난 남자에게 마음을 빼앗겼다. 그 남자 또한 그녀를 사랑하는 듯이 보였다. 두 사람은 진지하게 만나기 시작했고 각자 배우자와 이혼을 하고 결혼하기로 약속했다.

제인은 먼저 이혼을 하고 남자를 기다렸다. 하지만 시간이 지나도 남자는 이런저런 핑계를 대면서 이혼을 미루더니 급기야는 어느 날 그녀를 사랑하지만 매일 저녁 집에서 만나고 싶지는 않다고 진심을 털어놓았다.

결국 아이와 단 둘이 남겨진 제인은 경제적으로 궁핍해졌다. 생계를 위해 비서로 취직을 했지만 그 일을 계속하고 싶지는 않았다. 내가 앞으로의 계획을 묻자 그녀는 애처로운 표정을 지으며 대답했다. "제가 바라는 것은 집에서 아이를 키우며 누군가의 아내로 사는 거예요."

하지만 불행히도 제인은 이제 그렇게 살 수 없었다. 제인은 새로 만난 남자와 실제로 불륜 관계를 시작하기 전부터 꿈에서 그 남자와 연인으로 만나는 꿈을 여러 번 꾸었다고 했다. 그녀가 그러한 꿈을 꾼 이유는 내면의 창조적인 에너지가 의식과 결합하려고 움직이는 것이었다. 꿈속에서 성관계를 갖는 것은 종종 무의식의 일부가 의식과 결합하려고 하는 힘을 상징한다. 만일 그녀가 그 꿈을 올바로 이해했다면 남편이 아닌 다른 남자

54

에게 투사된 아니무스를 거두어들이고 그 에너지를 내면의 가능성을 발견하는 데 사용할 수 있었을 것이다. 하지만 그녀는 불륜 관계에 에너지를 소모했고 결국 이도저도 아닌 사면초가의 신세가 되었다. 그녀는 경솔한 선택에 대한 대가를 한동안 치러야 하겠지만 다행히 아직 젊기 때문에 보다 성숙한 관계를 맺을 수 있는 또 다른 기회가 찾아올 것이다.

융학파 분석가인 마리 루이제 폰 프란츠는 『동화 속 여성성 The Feminine in Fairy Tales』에서 결혼 생활을 위협하는 아니마와 아니무스의 투사를 창조적으로 해결하는 방법을 모색해야 한다고 조언한다.

결혼과 가정생활의 경계를 벗어나 밖으로 흘러넘치는 창조적 에너지가 있다면 그것은 주로 배우자가 아닌 다른 이성에게 투사된다. 새로운 이성에게 마음이 끌리고 매혹되는 것이다. 이런 일이 일어날 때는 우리 내면에서 무슨 일이 일어나고 있는지 자세히 들여다볼 필요가 있다. 내가 결혼을 잘못한 것인가? 지금의 남편이나 아내가 아닌 다른 사람을 원하는 것인가? 아니면 결혼생활로는 충족되지 못하는 창조적 욕망이 다른 사람에게 투사되고 있는 것인가? 만일 첫 번째와 두 번째 질문에 그렇다고 대답한다면 아마 현실적인 변화가 필요할 것이다. 하지만 마지막 질문에 그렇다고 답한다면 무의식의 투사를 거두어들이고 우리 자신이 갖고 있는 잠재력을 실현하는 방향으로 노력을 기울여야 한다.

모든 인간관계에는 우리 눈에 보이지 않는 불균형이 존재한다. 정신분석학에는 담는 자(container)와 담기는 자(contained)라는 개념이 있다. 두 사람의 관계에서는 보통 어느 한쪽이 담는 자가 되고 다른 쪽이 담기는 자가 된다. 대표적인 예로, 엄마와 아기는 각각 담는 자와 담기는 자다. 엄마는 아기를 보살피는 과정에서 아기가 느끼는 부정적인 감정을 흡수한다. 반면에 아기는 엄마가 자신이 처한 상황을 이해하고 달래줄 때 감당하기 어려운 불안이나 공포와 같은 경험이 완화되는 것을 느낀다. 심리 상담에서도 마찬가지로, 상담자가 환자의 정신적 상처를 이해하고 수용함으로써 환자가 자신이 받은 상처를 이해하고 받아들일 수 있도록 하는 원리가 작용한다.

부부 관계에서는 예를 들어, 이성적인 면에서 아내가 담기는 자, 남편이 담는 자가 되고 감정적인 면에서는 남편이 담기는 자, 아내가 담는 자가 될 수 있다. 또한 이러한 역할이 시간이 지나면서 서로 바뀌기도 한다. 남녀 관계에서 담기는 쪽은 대체로 결혼이라는 테두리 안에서 만족할 수 있기 때문에 배우자가 아닌 이성에게 특별한 관심을 갖지 않는다. 반면 담는 쪽은 알게 모르게 부담감과 불만이 쌓이면서 배우자 외의 다른 사람과의 관계를 통해 정신적 긴장을 해소하려는 충동이 일어날 수 있다. 융은 「결혼의 심리적 관계Marriage as a psychological Relationship」라는 제목의 논문에서 다음과 같이 기술했다.

남녀 관계에서 '담기는 자'의 경우, 감정적으로나 육체적으로 만족한다면 밖으로 눈을 돌리지 않는다. 하지만 '담는 자'의 경우에는 리비도(성적 에너지)가 허용된 범위를 넘어가 다른 곳에서 부족한 부분을 채우려고 하게 된다. 넘치는 에너지가 적절한 출구를 찾지 못하면 내면의 아니마 또는 아니무스가 밖으로 투사되기 쉽다. 따라서 우리의 가장 깊은 내면의 갈망이 인격의 통합에 있다는 사실을 깨닫는 것이 중요하다.

만일 부부가 서로를 완전하게 만족시켜 주지 못하는 부분이 있다면 두 사람은 알게 모르게 사이가 점점 멀어지는 것 같은 불안함을 느낀다. 하지만 사실 이 세상 어느 부부도 완전하게 서로에게 만족할 수는 없다. 융은 이러한 불균형한 관계를 무조건 부정적으로 볼 것이 아니라, 우리에게 부족한 부분을 보완해서 개성화個性化, (Individuation)를 향해 가는 기회로 삼으라고 말한다.

융은 우리의 삶을 자아가 자기自己, (Self)를 찾아가는 개성화의 여정이라고 했다. 융이 말하는 자기란 우리 자신의 참된 본성, 개인의 의식과 무의식이 통합된 전체정신을 의미한다. 우리의 무의식과 자아의식이 하나로 통합되어 개인의 고유한 본성을 이루고 있는 정신의 중심핵이라고 할 수 있다. 개성화란 우리의 정신이 균형 잡힌 인격의 중심에 있는 자기에 도달하는 것이다. 따라서 인간 존재의 목적은 무의식을 인식하고 의식에 통합함으로써 온전한 인격과 개성을 찾아가는 것이다. 그 과정에서 남자의 여성성인 아니마와 여자의 남성성인 아니무스는 우리의 자아의식을 무의식의 심층에 있는 자기 원형에게로 인도하는 매개자 역할을 한다. 우리의 '자아'가 '자기'에 도달하는 자기실현 또는 개성화에 대해서는 앞으로 좀 더 자세히 이야기하겠다.

타인은 우리의 모습을 비추어주는 거울이다. 우리는 타인과의 관계를 통해 우리 자신에 대해 알 수 있다. 그중에서도 친밀한 남녀 관계는 우리 자신을 돌아보고 부족한 점을 보완해서 인격적으로 성숙하고 발전할 수 있는 기회를 제공한다. 이런 의미에서 우리는 누군가의 동반자로 사는 법을 배워야 한다고 융은 말했다. "사람은 자신의 인격이 어떤지 모른다. 다른 사람이 알게 해주어야 한다."

결혼한 부부는 이따금 배우자가 죽는 상상을 한다. 공연히 '남편(아내)가 죽으면 어떻게 하지?'라는 불안감이 들면서 그 뒤에 어떤 일들이 일어날지 상상하기도 한다. 아니면 배우자가 죽기를 바랄 수도 있다. 이런 생각이 떠오르면 짐짓 놀라면서 재빨리 떨쳐버리려고 할 것이다. 어떤 식의 생각을 하든지, 이것은 두 사람이 서로에게 의지하고 살면서 복잡하게 뒤얽힌 상황으로부터 벗어나고자 하는 보상 심리이므로 각자 개인적으로 좀 더 성숙하고 독립적이 될 필요가 있다는 것을 암시한다.

부부가 각자 개성화를 추구한다고 해서 두 사람의 사이가 멀어지는 것은 아니다. 오히려 상대방에게 의지하지 않고 정신적인 홀로서기를 할 수 있을 때 진정으로 인간적인 관계를 맺을 수 있다. 따라서 두 사람의 개성이 충돌할 때는 차이점이 무엇인지 이해하고 받아들이는 것이 중요하다.

다만, 두 사람이 문화적이며 사회적인 면에서 공유하는 부분이 많을수록 관계를 지속하는 데 도움이 되는 것은 분명하다. 예를 들어 인종, 종교, 교육 환경이 같은 사람들이 좀 더 원만한 관계를 유지하기 마련이다. 취미생활을 함께 하거나 공동의 친구들을 만나는 것도 역시 필요하다. 아이를 키우거나 경제적 목표를 함께 달성하는 것도 두 사람을 묶어주는 끈이 된다.

버다 헤이슬러Verda Heisler는 「결혼을 통한 개성화Individuation through Marriage」라는 논문에서 두 사람이 함께 공유하는 부분의 적고 많음에 따라 관계가 얼마나 견고해지거나 느슨해지는지를 단순하지만 분명한 그림으로 보여준다.

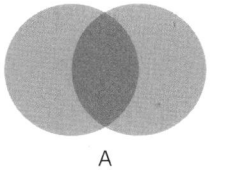 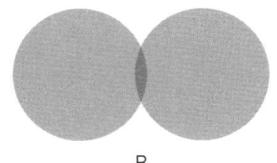

A   B

위 그림에서 검은 부분은 두 사람이 흥미, 목표, 가치관을 공유하는 부분을 나타내고 있다. 아주 단순한 그림이지만 정신적으로 공유하는 부분이 많을수록 두 사람 사이는 가깝게 연결되어 있고 적을수록 서로에게서 멀어진다는 사실을 상기시켜준다.

결혼은 부족한 두 사람이 결합해서 완전한 하나가 되는 것이 아니라 관계를 통해 각자가 자신의 온전한 인격을 향해 가는 것이다. 따라서 서로 상대방의 개성을 인정하고 존중하는 마음이 중요하다. 원만한 관계를 위해서는 헌신, 감정이입, 관대함, 배려, 책임감, 믿음이 중요하다. 서로 협조하고 타협하면서 공동의 결정을 내려야 한다. 상대방의 결점과 실수, 기벽을 참을 수 있어야 한다. 이 모든 조건들이 우리를 개인으로 성숙해질 것을 요구한다.

분명 아니마와 아니무스라는 내면의 인격은 우리의 자아를 초월하는 특별한 심혼으로 존재하면서 우리가 의식하지 못하는 방식으로 남녀 관계에 중요한 영향을 미친다. 앞에서 이야기 했듯이, 아니마와 아니무스가 투사되면 거부할 수 없는 끌림이 나 이유를 알 수 없는 혐오감을 느끼게 되므로 상대를 객관적 으로 보지 못하고 실제보다 과대평가하거나 폄하하게 된다.

아니마와 아니무스는 우리가 자각을 하지 않는 한 계속 우리 를 사로잡고 있다. 따라서 남자의 내면에 마녀와 같은 아니마가 있다면 그는 무의식적으로 지배욕이 강한 여자를 선택할 가능 성이 매우 높다. 또한 여자가 부정적이고 패배적인 아니무스에 지배를 당하면 자신을 무시하고 강압적으로 대하는 남자에게 매력을 느낄 수 있다. 이것은 남자와 여자가 종종 짝을 잘못 만 나 불행해지는 이유를 설명해 준다.

실제로 사람들이 어떤 사람을 인생의 동반자로 선택하는지 를 보면 그들 자신도 모르고 있던 심리가 드러나기도 한다. 물 론 남녀 관계에는 여러 가지 요인이 복합적으로 작용한다. 다만 여기서 주목할 점은 배우자를 선택할 때 종종 우리가 의식하지 못하는 무의식이 영향을 미친다는 것이다.

융이 환자들과 주고받은 편지 중에 한 남자가 아내를 선택할 때 어떤 심리가 작용했는지에 대해 이야기한 내용이 있다. 그 남자는 결혼을 세 번 했는데, 첫 아내는 피아니스트였고 7년간 의 결혼 생활 후 헤어졌다. 그가 두 번째 아내로 선택한 여자는 미술가였다. 그녀는 그와 12년 동안 화목하고 평화롭게 살았으나 먼저 세상을 떠났다. 남자는 세 번째로 여배우와 결혼했다. 그리고 얼마 후부터 이상한 심리적 현상을 경험하기 시작했다. 일주일에 두세 번씩 침실 어딘가에서 '똑똑' 두드리는 소리가 들리는 것이었다.

융은 남자에게 보낸 편지에서 그가 아내를 선택할 때마다 그의 아니마가 영향을 미쳤을 것이라고 설명했다. 남자는 소설가가 되고 싶었지만 안정된 직장을 그만두고 글을 쓸 용기를 내지 못하고 있었다. 그는 자신의 재능을 실현하고자 하는 욕망을 창조적인 일을 하는 여자에게 투사해 결혼을 했고, 그때마다 자기실현의 기회에서 멀어졌다. 융은 그에게 환청이 들리는 것은 바로 그런 이유 때문일 것이라고 분석했다. "그 소리는 아마 당신이 선택하는 여자들이 당신이 해야 할 일을 대신하고 있다는 사실을 알려주는 것인지도 모릅니다."

2장

우울한 남자, 화내는 여자

사랑하지 말아야 되겠다고 해도 뜻대로 안 되는 것처럼
영원히 사랑하려고 해도 뜻대로 되지 않는다.

J. 라브뤼에르

무의식의 성性에 사로잡히다

신화나 전래 동화는 허구적이고 비현실적인 이야기처럼 보이지만 좀 더 깊이 들여다보면 인간의 가장 원초적인 심리를 반영하고 있음을 알게 된다. 예를 들어, 그리스 신화에 나오는 신들은 여성성과 남성성이 지닌 대표적인 측면들을 인격화한 것으로 이해할 수 있다. 인간의 심리를 인격화해서 표현하는 이런 이야기들은 우리에게 마음껏 상상의 날개를 펼치는 즐거움뿐 아니라 삶의 교훈과 통찰력을 제공한다. 그중에서도 아니마와 아니무스가 남녀 관계에 미치는 영향을 암시하는 이야기들을 종종 만날 수 있다.

그리스 신화에는 키르케라는 매혹적인 마녀가 등장한다. 아이아이에라는 전설의 섬에는 태양의 신 헬리오스의 딸인 키르케가 살고 있었는데 그녀는 눈부시게 아름다운 외모로 남자들을 유혹하고 마법을 걸어 동물로 변하게 만들었다고 한다. 키르

'오디세우스와 선원들을 유혹하는 세이렌', 존 윌리엄 워터하우스 1891년작

세이렌은 감미롭기 그지없는 노래를 불러서 배를 타고 지나가는 선원들을 유혹한다. 그들의 노래를 들은 남자들은 넋을 잃고 바다로 뛰어들었고, 세이렌이살고 있는 이타나 섬에는 부서진 배의 잔해와 그들이 잡아먹은 사람들의 뼈가여기저기 무더기를 이루고 있었다.

케에 관해 가장 널리 알려진 이야기는 호메로스의 서사시 『오디세이Odyssey』에서 볼 수 있다. 트로이 전쟁을 승리로 이끈 오디세우스는 고향으로 돌아가기 위해 항해를 하던 중, 키르케가 살고 있는 아이아이에 섬에 도착한다. 섬을 정찰하기 위해 들어간 그의 부하들은 아름다운 성에 당도하고, 그 성의 주인인 키르케가 그들을 반갑게 맞이해서 연회를 열고 융숭한 만찬을 대접한다. 하지만 즐거운 분위기가 한창 무르익었을 때 키르케는 그들에게 마법을 걸어 모두 돼지로 만들어버린다. 다행히 오디세우스는 헤르메스 신에게서 받은 약초를 먹은 덕분에 마법에 걸리지 않을 수 있었고 키르케를 제압해서 부하들을 마법에서 풀어주었다. 그럼에도 불구하고 키르케의 유혹에 넘어간 오디세우스는 고국에서 그가 돌아오기를 손꼽아 기다리고 있는 아내 페넬로페를 까맣게 잊은 채 그 섬에 머물며 일 년이라는 세월을 허비한다.

오디세우스와 부하들은 마침내 고향으로 돌아가기 위해 배를 띄웠으나 이번에는 세이렌이 살고 있는 섬을 지나가야 했다. 세이렌도 키르케만큼이나 남자들에게 위험한 존재다. 세이렌은 머리는 여자이고 몸은 새의 모습을 한 바다 요정으로, 감미롭기 그지없는 노래를 불러서 배를 타고 지나가는 선원들을 유혹했다. 그 노래를 듣는 남자들은 넋을 잃고 바다로 뛰어들었고, 세이렌이 살고 있는 이타나 섬에는 부서진 배의 잔해와 그들이 잡아먹은 사람들의 뼈가 여기저기 무더기를 이루고 있었다. 만일 키르케가 세이렌에 대해 경고를 해주지 않았다면 오디세우스 역시 그들의 먹이가 되었을 것이다. 오디세우스는 선원들이 세이렌의 노래를 듣지 못하도록 밀랍으로 귀를 막도록 명령하고 쇠사슬로 자신의 몸을 돛대에 단단히 묶게 해서 모두가 무사히 그 섬을 빠져나갈 수 있었다.

키르케와 세이렌은 남자들의 내면에서 매우 치명적으로 작용할 수 있는 여성성을 상징한다. 그들은 쾌락이나 음악으로 남자들을 유혹해서 무의식 상태에 빠트린다. 그리고 유혹에 넘어가서 무력해진 남자들을 인정사정없이 파괴한다. 키르케가 오디세우스의 부하들을 돼지로 만든 것이나 세이렌이 남자들의 몸을 갈가리 찢는 것은 아니마의 치명적인 힘이 남자의 의식을 파괴하고 무의식 상태로 빠져들게 할 수 있다는 것을 의미한다. 반면, 오디세우스가 키르케를 물리치고 선원들을 마법에서 풀려나게 한 것이나 세이렌의 노래를 듣고도 그들의 먹이가 되지 않을 수 있었던 이유는 그들의 위험성에 대해 알고 경계심을 늦추지 않았기 때문이다.

여자의 아니무스가 갖고 있는 위험한 특성을 상징적으로 보여주는 예로는 구약성서의 외경인 『토비트서The Book of Tobit』

에 나오는 기구한 운명의 여인 사라의 이야기가 있다.

아시리아에서 포로 생활을 하던 유대인 토비트는 평생 선행을 베풀며 살았으나 몇 년 전 억울하게 죽임을 당해 들판에 버려진 동포들의 시체를 거두어 장사를 지내주었다는 이유로 전 재산을 몰수당한다. 설상가상으로 더운 여름 날 낮잠을 자려고 누웠다가 참새 똥이 눈에 들어가는 바람에 실명을 하고 만다. 절망에 빠진 토비트는 자신의 신세를 한탄하며 하느님에게 하루 빨리 구차한 생을 마감하게 해달라는 기도를 올린다.

한편 일곱 번 결혼을 해서 일곱 번 남편을 잃은 사라라는 여인이 메대에 살고 있었다. 그녀가 결혼식을 치르고 신방에 들어갈 때마다 악마 아스모데우스가 그녀의 몸에 들어와 첫날밤을 치르기도 전에 신랑의 목을 졸라 죽이는 것이었다. 사라 역시 하느님에게 자신의 목숨을 거두어 가혹한 운명에서 구해달라고 간절한 기도를 올린다. .

토비트는 예전에 돈을 빌려준 사람이 메대에 살고 있다는 것을 기억하고 아들 토비아스에게 그 돈을 받아오라는 심부름을 보낸다. 길을 떠나는 토비아스 앞에 하느님이 사라와 토비트의 기도를 듣고 그들을 도와주라고 지상으로 내려 보낸 대천사 라파엘이 나타난다. 토비아스와 라파엘은 가는 길에 티그리스강에 도착한다. 토비아스가 강으로 내려가 몸을 씻으려는데 커다란 물고기가 그를 삼키려고 물 위로 뛰어올랐다. 그러자 라파엘

천사가 그에게 물고기를 잡으라고 소리쳤다. 토비아스는 그 물고기를 잡아 올렸고 라파엘이 시키는 대로 염통, 간, 쓸개를 잘라내 몸에 지니고 다시 길을 떠났다.

그들은 우연히 사라의 집에 머물게 되는데, 사실은 라파엘 천사가 사라를 도와주기 위해 일부러 그곳에 들른 것이다. 라파엘은 토비아스에게 사라와 결혼할 것을 권유했다. 그러자 토비아스는 펄쩍 뛰며 말했다. "그녀는 사랑스러운 여인이긴 하지만 내가 들은 바로는 일곱 번이나 결혼을 했고 그때마다 신방에서 남자가 죽었다고 합니다. 그녀를 사랑하는 악마가 그녀에게 접근하는 남자는 모두 죽이는 것입니다. 그 남자들처럼 허무하게 죽고 싶은 생각은 없습니다."

그러자 라파엘 천사는 물고기에서 잘라낸 심장과 간을 태우면 악마가 그 연기 냄새를 맡고 지구 끝까지 줄행랑을 칠 것이라고 알려주었다. 토비아스는 사라와 결혼식을 올렸고 그날 저녁 신방에 들어가 물고기의 염통과 간을 태우자 아스모데우스는 그 연기를 맡고 영원히 사라졌다.*

사라의 정신을 소유하고 악마처럼 행동하게 만드는 아스모데우스는 여자 내면에 존재하는 부정적인 아니무스라고 할 수 있다. 아스모데우스가 사라의 몸에 들어가 일곱 명의 남편을 죽

---

* 물고기의 쓸개는 나중에 실명한 토비트의 눈을 치료하는 데 사용된다.

인 것은 아니무스가 여자를 지배하고 그녀의 에로스적 사랑을 파괴하는 것을 보여준다. 반면, 천사와 물고기는 우리의 정신세계가 지닌 힘을 상징한다. 토비아스가 물고기의 쓸개와 간을 태워서 연기를 피운 것은 사라의 영혼 속으로 새로운 정신력을 불어넣어 사악하고 악마적인 힘이 들어가지 못하도록 하고 그녀의 에로스적 사랑을 일깨워 남자와의 관계에 마음을 열게 만드는 작용을 했다. 에로스 역시 사악한 악령을 물리치는 힘을 갖고 있다.

융심리학에서 말하는 에로스는 단순히 관능적인 사랑이 아니라, 개인적이고 친밀한 관계를 맺고 보살피는 헌신적이고 모성적인 사랑에 가깝다. 아니무스의 무자비한 사고방식에 휘둘리지 않으려면 여자는 자신이 갖고 있는 에로스적 사랑의 원칙에 충실해야 한다. 아니무스에 사로잡힌 여자는 완고하고 단호하게 남을 설득하거나 지배하려는 태도를 보인다. 사라의 이야기는 여자가 부정적인 아니무스의 영향에서 벗어나려면 어떻게 해야 하는지에 대한 실마리를 제공한다. 겉으로는 지극히 부드럽고 상냥해 보이는 여자라고 해도 그녀의 아니무스는 고집스럽고 잔인할 수 있다. 융이 말했듯이, 파괴적인 아니무스를 물리치기 위해 여자는 자신의 영혼을 더 강한 정신으로 채우고 진정한 사랑에 마음을 열어야 한다.

'사라와 토비아스의 신방,' 슈노어 폰 카롤스펠트 1860년 작

물고기의 쓸개와 간을 태운 연기가 사라의 정신 속에 잠자고 있던 에로스를 깨어나게 하고 그녀는 진정한 사랑에 눈을 뜬다. 여자의 에로스는 사악한 힘을 물리치는 힘을 갖고 있다. 뒤쪽에 연기를 맡고 달아나는 아스모데우스가 보인다.

악마 아스모데우스, 마녀 키르케, 유혹적인 세이렌의 이야기는 우리의 무의식을 인식하고 귀를 기울이지 않으면 거기 사로잡혀 스스로 파멸의 길로 들어서게 된다는 교훈을 들려준다. 남자가 아니마를 만날 때나 여자가 아니무스를 만날 때는 보통 그 부정적인 측면을 먼저 만난다. 융은 우리가 아니마와 아니무스의 영향을 받아 그 부정적인 측면이 밖으로 드러나는 방식을 각각 '아니마 기분Anima mood'과 '아니무스 의견Animus opinion'이라는 용어로 표현했다. 부정적인 아니마는 종종 남자들을 우울감, 변덕, 짜증, 원망 같은 불쾌한 기분으로 몰고 간다. 또한 부정적인 아니무스는 여자들을 융통성 없고 고집스러운 태도를 취하게 만든다. 아니마와 아니무스는 남녀가 현실적인 문제로 서로 부딪치는 일이 생기면 언제라도 그 부정적인 모습을 드러낼 수 있다. 아니마와 아니무스의 긍정적인 측면을 만나기 위해서는 우선 이러한 부정적인 측면들을 극복해야 한다.

감정의 이해와 표현이 서툰 남자

아니마 기분은 언제라도 갑자기 남자를 덮칠 수 있다. 누군가 무심코 던지는 농담이나 살짝 실망한 표정에도 불쑥 화가 나거나 우울한 기분에 빠지는 것이다. 이때 남자는 자기 내면에 있는 뭔가가 자신을 사로잡고 있다는 것은 알지 못한 채 온 세상이 자신에게 등을 돌린 것처럼 비참한 기분이 된다. 이런 기분은 시간이 지나면서 사라지지만 때로 아주 심각한 상태로 발전하기도 한다. 만성적이 되면 알코올 중독이나 심각한 우울증에 빠지거나, 간혹 충동적으로 자살을 기도할 수도 있다. 이것은 남자가 여자보다 자살을 시도하는 경우는 적지만 실제로 자살에 성공하는 확률이 더 높은 이유를 설명해 준다. 마치 아니마가 '모든 것이 부질없어!'라고 말하면 남자는 헤어날 수 없는 깊은 구렁텅이에 빠지는 듯하다.

이처럼 남자가 느끼는 절망적인 기분의 배경에는 아니마가 있다. 남자가 아니마에 사로잡히면 우울한 감정 속으로 끌려 들어가서 심리적으로 위축된 모습을 보인다. 남자다운 대범함은 사라지고 소심하고 방어적이 되면서 마치 짙은 안개에 둘러싸여 있는 듯하다. 이런 마음 상태에서는 객관적이고 합리적인 사고를 할 수 없다. 상대방에게 귀를 기울이지 않고 주관적이고 편협한 입장을 고수한다. 아니면 마치 토라진 여자처럼 성마르고 야박한 태도로 비아냥거리거나 딴청을 피운다.

남자가 아니마 기분에 사로잡히면 평소에 그를 알고 지내던 사람들은 금방 눈치를 챌 수 있다. 마치 낯선 사람을 상대하고 있는 듯 느껴지기 때문이다. 대화가 편안하게 오고가지 않기 때문에 함께 있는 시간이 불편할 수밖에 없다. 만일 이런 상태에 있는 남자의 무의식 속으로 깊이 들어가 볼 수 있다면, 그의 아니마가 그가 하는 행동을 못마땅하게 여기고 있음을 알게 될 것이다. 아마도 그는 세속적인 허영심을 채우는 일에 생명력과 에너지를 소모하며 내면의 아니마를 돌보지 않고 있을 것이다. 이런 남자 안에서 관심을 받지 못하고 답답한 환경에서 지내는 아니마는 당연히 침울해질 수밖에 없다.

모든 인간 관계가 그렇지만, 특히 서로 다른 성향을 갖고 있는 남녀가 만나 함께 생활하기 위해서는 무엇보다 부정적인 감정을 다스리는 능력이 중요하다. 상대방에게서 비난을 받으면 마음의 상처를 입고 화가 나는 것은 어쩔 수 없지만 감정을 표현하는 방법에 따라 관계가 발전할 수도 있고 악화될 수도 있다. 예를 들어, 남편이 아내에게서 부당한 비난을 듣는다면, ‘당신이 그런 식으로 이야기하면 나는 정말 화가 난다.’고 자신이 느끼는 감정을 솔직하게 표현하고 그때그때 대화를 통해 갈등을 해결하고 지나가는 것이 바람직하다.

부정적인 감정을 표현하지 않고 묻어두면 그 감정은 그의 무의식 속으로 들어가 아니마의 손에 떨어진다. 그러면 아니마는 그 감정을 원망으로 바꿔버린다. 사실 남자가 원망하는 마음을 품고 있는 것은 아니마가 작용하고 있다는 신호다. 밖으로 드러나지 않은 억눌린 분노는 아니마의 손 안에 들어가 연기를 피우며 남자를 괴롭힌다. 부정적인 감정을 억누르고 '수동적 공격성'을 유지하고 있는 상태는 언제라도 불 붙인 성냥을 마른 풀 위로 던질 준비를 하고 있는 것과 같다. 그러다가 더 이상 참지 못하는 순간이 되면 갑자기 분노를 폭발해서 주체하지 못할 정도로 과격해진다. 융은 『원형과 집단 무의식』에서 아니마가 남자의 감정에 어떤 식으로 작용하는지를 다음과 같이 설명했다.

아니마는 남자가 느끼는 부정적인 감정을 과장하고 변조한다. 감수성을 자극해서 사소한 일에도 예민하게 반응하게 만들고 짜증, 질투, 허영심을 부추겨서 사회 부적응자로 만든다.

남자가 이러한 아니마 기분에 빠지지 않기 위해서는 자신이 느끼는 감정을 이해하고 표현할 수 있어야 한다. 부정적인 감정을 솔직하게 인정하고 설명한다면 아니마 기분에서 헤어날 수 있고, 더 나아가 자신에게 상처를 주거나 자극을 준 원인이 무엇인지 알고 문제를 해결할 수 있다. 남자가 적극적으로 문제를 해결하려는 태도를 취할 때까지 아니마는 이렇게 투덜거리며 계속 그의 기분을 끌어내릴 것이다. "당신을 화나게 만드는 일이 있으면 차근차근 설명을 하세요. 이러저러해서 화가 난다고 말하세요. 당신이 아무런 행동도 취하지 않고 피하려고만 하니까 내가 나서는 거라고요."

그럼에도 불구하고 많은 남자들이 좀처럼 감정 표현을 하지 않는다. 어릴 때부터 남자다워야 한다는 말을 들으면서 자라기 때문에 자신의 감정을 이해하고 표현하는 법을 배우지 못한다. 게다가 감정을 솔직하게 드러내 보이면 문제가 확대될 것이라고 두려워한다. 고요한 연못에 돌을 던지기보다는 '평화롭고 조용하게' 지내는 편이 낫다고 생각해서 가능하면 감정적인 충돌을 피해 얼렁뚱땅 넘어가려고 한다.

어떻게든 감정적인 충돌을 피하려고 애쓰는 남자들은 부정적인 마더콤플렉스*를 갖고 있는 경우가 많다. 여자가 화내는 것을 두려워하는 남자는 종종 그의 내면에 존재하는 작은 소년으로 돌아간다. 어머니에게 야단을 맞은 작은 소년을 상상해보자. 마음에 상처를 입은 소년은 어머니의 사랑을 되찾기 위해 무조건 복종하거나 아니면 자존심을 지키려고 반항할 것이다. 이런 소년처럼, 남녀 관계에서 문제가 생길 때마다 자신의 입장을 포기하고 일방적으로 양보하거나, 아니면 자존심을 내세워서 방어적인 태도를 취하는 것은 어느 쪽도 해답이 될 수 없다.

* 남자(여자도 마찬가지로)는 성장 과정에서 첫 번째 애착 대상인 어머니에게서 독립해야 성인으로서 정체성을 확립하고 정신적으로 성숙할 수 있다. 그런데 어릴 때 충분한 사랑—과보호가 아닌—을 받는 아이는 커가면서 자연스럽게 보호자로부터 독립하는 과정이 이루어지지만 그러지 않을 경우 어른이 되어서도 어릴 적 의존욕구가 채워지지 않은 채 수시로 퇴행을 거듭하게 된다. 부모가 아이와 관련된 모든 의사결정을 대신하거나 보호라는 명목 하에 아이를 통제하고 조종하는 경우에도 마찬가지다. 이런 경우 아이는 성인이 되어서도 부모를 떠나지 못하는 애증 관계로 발전한다. 어른아이는 이러한 과정 속에서 형성된다.

가깝게 지내는 사이일수록 문제를 해결하지 않고 피하기만 하면 겉으로는 평온하게 지낼 수 있을지 몰라도 속으로 곪아 터지는 법이다. 감정을 표현하라는 것은 감정을 억누르거나 폭발시키지 않고 상대방이 알아들을 수 있게 대화를 하라는 것이다. 평소에 사소한 일이라고 생각해서 감정을 표현하지 않고 감추는 습관이 들면 정작 중요한 일이 생겼을 때 대화로 해결할 수 없게 된다. 그러다 보면 마음에 응어리가 생기고 마치 마법에 걸린 것처럼 우울한 기분에서 헤어나지 못하게 된다. 결국 스스로 의도하지 않은 방식으로 갑자기 감정을 폭발하는 결과를 불러온다.

남자가 감정을 표현하는 법을 배우려면 무엇보다 먼저 여자가 화를 내거나 거부하는 것에 대한 불안감과 두려움을 극복해야 한다. 그러자면 자기 내면에서 미성숙한 심리 상태로 있는 소년을 발견하고 자신과 구분해서 감정이 아니마의 손아귀로 들어가서 확대되지 않도록 하는 법을 배워야 한다. 안 그러면 영원히 여자를 두려워하고 원망하는 작은 소년으로 남을 수밖에 없다.

이혼의 기로에 서 있는 젊은 부부가 나에게 심리상담을 받으러 온 적이 있었다. 그들은 서로 사랑하지만 성격 차이를 극복할 수 없다고 했다. 하지만 좀 더 깊이 들어가 보니 다른 곳에서 문제가 발견되었다. 부인이 현실적인 문제에 대해 상의하려고 하면 남편이 슬금슬금 문 가까이로 자리를 옮겨가는 것이었다. 그는 아내와 대화를 하다가 화가 나면 갑자기 문을 박차고 나가버렸다. 남편은 분명 자신이 감정을 폭발할까 봐 몹시 두려워하고 있었다. 그가 그런 두려움을 극복하지 않는 한, 그 부부는 점점 더 사이가 멀어질 수밖에 없었다. 남편은 자신의 감정을 인정하고 다스리는 법을 배워야 하고, 아내는 남편이 분노에 휘말리지 않고 감정 표현을 할 수 있도록 도와주는 법을 배워야 했다. 성격 차이나 의견 충돌을 해결하는 것은 그다음 문제였다.

남자들은 불만을 솔직하게 털어놓으면 여자가 화를 낼 것이라고 미리 겁을 먹지만 사실은 그렇지 않다. 여자들은 어떤 남자와 진정한 관계를 갖기를 원할 땐 자신의 문제점을 인정하고 화해할 수 있는 포용력을 발휘한다.

레스토랑 매니저로 일하는 한 청년은 같은 직장에서 종업원으로 일하는 여자를 사랑하고 있었다. 하지만 그녀가 손님들을 대하는 태도가 마음에 들지 않았다. 그는 그녀와 다툼이 일어날까 봐 문제가 생겨도 지적을 하지 않았고 그러는 동안 불만이 쌓이면서 그들의 관계는 점점 멀어지는 듯했다. 어느 날 그는 용기를 내서 그녀가 하는 행동에 대한 자신의 생각을 솔직하게 털어놓기로 마음을 먹었다. 그는 나중에 내게 와서 그녀가 보여준 반응에 감동을 받았다고 이야기했다.

"여자에게 알아듣게 설명한다면 내가 하고 싶은 말을 해도 된다는 걸 알았습니다."

여자는 그가 하는 말에 귀를 기울였으며 오히려 충고를 해준 것에 대해 고마워했다. 그 일을 계기로 두 사람은 확실한 연인 사이가 되었다.

여자들은 자신이 잘못한 것이 분명하다고 생각하면 남자의 지적을 받아들인다. 여자가 남자를 진정으로 사랑한다면 자신의 단점에 대해 이야기한다고 해서 그를 거부하지는 않는다. 오히려 기꺼이 받아들일 것이다. 남자가 불편한 감정을 솔직하게 이야기하는 것은 두 사람의 관계를 진지하게 생각하고 있다는 의미다. 남자가 어떤 감정도 드러내지 않는 것은 상대방과 거리감을 느끼고 있는 것이다. 또한 남자는 순간적으로 토라지기를 잘하는 여자의 속성을 개인적인 감정으로 여기지 말아야 한다. 여자의 이런 속성을 만나면 문득 회의가 들지 모른다. '여자들은 대체 왜 이러는 걸까? 알다가도 모르겠어.'

하지만 아니마의 긍정적인 측면이 나타나게 하려면 부정적인 측면을 극복해야 하는 것처럼, 여자에게서 친절하고 포용하는 특성을 끌어내기 위해서는 먼저 여자의 어두운 측면을 이해하고 수용할 수 있어야 한다.

대화가 잘 통하는 남녀는 두 사람 사이에 어떤 문제가 생겨도 비교적 쉽게 해결된다. 천생연분이라고 느끼는 남녀도 때로 다른 사람에게 끌리는 마음이 생길 수 있다. 두 사람이 오랜 만남에서 느끼는 지루함이나 실망감은 물론이고 다른 이성에게 느끼는 감정까지도 털어놓을 수 있다면 문제가 더 이상 커지지 않는다. 한 남자는 자신의 외도로 인해 결혼이 파경에 이르렀을 때 비로소 이렇게 하소연했다.

"아내가 항상 토스트를 태우는 것에 대해서도 말을 하지 못했는데, 어떻게 다른 사람에게 관심이 간다는 말을 할 수 있었겠습니까?"

만일 그가 아내에게 자신의 감정을 자연스럽게 이야기할 수 있었다면 그 사건은 잠시 지나가는 환상으로 그쳤을 것이다. 하지만 그는 감정을 숨기면서 점점 더 헤어날 수 없는 상황으로 빠져든 것이다.

사실 남자들이 부정적인 아니마에 사로잡히는 이유는 자신이 갖고 있는 여성성을 인식하지 못하는 것과 직접적인 관계가 있다. 여성성의 가치를 인정하고 존중하지 않는 남자들은 겉으로는 가부장적이고 강력한 남성성을 보여주는 반면, 안으로는 오히려 아니마 기분에 쉽사리 사로잡히는 경향이 있다. 이런 이유로 남자들은 여자에게 귀 기울이고 대화하는 법을 배워야 한다. 여자들이 중요하게 생각하는 것이 무엇인지 알고 이해하기 위해 노력해야 한다. 그래야만 남자가 자신의 아니마와 보다 적절한 관계를 맺을 수 있다. 이것이 중요한 이유는 앞에서도 말했듯이, 아니마와 아니무스는 우리가 그 존재를 인식하고 관심을 가질 때 긍정적 측면을 드러내 도움을 주기 때문이다.

남자의 감정이 아니마의 손아귀에 들어가면, 융이 말한 것처럼 아니마가 그의 감정을 강화하고 변조하고 과장한다. 융의 원형 이론을 견고하게 다진 심리학자 제임스 힐먼James Hillman은 『아니마Anima』에서 만일 남자가 어떤 여자와의 관계를 발전시키기를 원한다면 자신의 마음속에서 아니마가 만들어내는 이러한 왜곡을 경계하기 위해 아니마가 특별한 상황에 직접 관여하지 않도록 해야 한다는 점을 강조한다.

남자의 아니마는 여자와의 관계에서 직접적인 도움이 될 수 없다. 오히려 남자를 현실적인 사고에서 멀어지게 만들 뿐이다. 두 사람이 같은 감정이나 환상을 공유하고 있을 때는 아니마가 도움이 될 수 있을지 모른다. 하지만 남자가 자기 자신을 표현하고 설명할 수 있으려면 아니마가 그 모습을 감추고 제자리로 돌아가도록 해야 한다. 아니마가 밖으로 나와 어떤 상황에 관여하게 되면 문제가 감정적으로 변질되기 쉽기 때문이다.

다시 말해, 아니마가 있어야 하는 자리는 외부가 아닌 우리의 내면이다. 아니마의 역할은 우리의 의식과 무의식 사이를 연결하는 것이며, 현실적인 문제에 아니마가 직접적으로 관여하는 것은 도움이 되지 않는다.

아니마가 남자의 의식을 집어삼키고 외부로 그 모습을 드러낼 때는 감정뿐 아니라 생각에도 영향을 줄 수 있다. 예를 들어, 아니마에 사로잡혀 있는 남자는 객관적인 사실이나 논리와는 거리가 먼 감정적이고 독단적인 주장을 하기 때문에 처음부터 대화가 불가능하다. 융은 이렇게 아니마에 사로잡힌 남자를 '마치 여자가 앙탈을 부리는 것 같다'고 표현하기도 했다.

또한 아니마는 '유대감'을 무엇보다 중시하기 때문에 모든 사물의 차이와 구분을 무시하고 얼버무리려고 한다. 이러한 경향역시 이성적인 사고와 분별력을 흐리는 결과를 가져온다. 남자가 스스로 느끼고 생각할 수 있는 능력을 아니마가 대신하게 해서는 안 된다는 것은 바로 이러한 영향을 받지 않도록 주의해야 한다는 의미다.

아니마가 갖고 있는 또 다른 부정적인 측면은 남자의 창조적 의욕을 방해하는 것이다. 남자가 어떤 창조적인 아이디어를 떠올리거나 새로운 모험을 시도할 때마다 그의 귀에 은근히 속삭이는 목소리가 있다. 그 목소리는 그의 능력에 의문을 제기해서 새로운 시도를 포기하게 만든다. 예를 들어, 어떤 남자가 소설을 써서 문단에 데뷔하기로 마음을 먹었다고 하자. 아니마는 어김없이 그의 귀에 대고 조용히 속삭일 것이다.

"당신이 정말 소설을 쓸 수 있다고 생각해요?"

"그런 이야기는 벌써 누군가 쓴 적이 있어요."

"어떤 출판사에서 그런 원고를 받아주겠어요?"

많은 남자들이 이 작은 목소리에 주눅이 들어 차츰 의욕을 잃어간다. 융의 자서전 『기억, 꿈, 사상Memories, Dreams, Reflections』에는 그가 처음으로 무의식의 인격과 관계를 맺기 시작했을 때의 기록이 있다. 그는 자신의 내면에서 들려오는 그 목소리를 '아니마'라고 이름하고 '적극적 상상active imagination'*의 기법을 사용해서 대화를 나누었다.

어느 날 계속 머리에 떠오르는 환상을 글로 옮기고 있을 때 문득 이런 생각이 들었다.

"나는 지금 무엇을 하고 있는 것인가? 물론 이것은 학문과 관계가 없는 일이다. 그러면 무엇을 하고 있는 걸까?"

그러자 내 안에서 어떤 목소리가 말했다.

"당신은 창작을 하고 있군요."

* '적극적 상상'에 대한 자세한 설명은 마지막 장에서 볼 수 있다.

나는 깜짝 놀랐다. 내가 쓰고 있는 것이 창작과 어떤 관련이 있다는 생각은 하지 않고 있었기 때문이다. (중략) 그 목소리의 주인은 분명 여자였다. 그것은 언젠가 내가 만난 적이 있는 여자 환자의 목소리였다. 그녀는 나에게 강력한 전이*를 했던 환자였다. 나는 그녀를 뚜렷이 기억하고 있었다.

분명 내가 하고 있는 것은 학문이 아니었다. 그러면 창작이 아니고 무엇이겠는가? 그 목소리는 마치 세상에는 그 두 가지 밖에 없는 것처럼 이야기했다. 나는 그 목소리를 향해 내가 환상을 보는 것은 결코 내가 의도해서 하는 것이 아니라고 힘주어 말했다. 그러자 나의 내면에서 커다란 저항이 느껴졌지만 아까의 그 목소리가 들려오지 않았으므로 나는 계속해서 글을 써 내려갔다. 잠시 후 다시 그 목소리가 나타나더니 더욱 단호하게 말했다.

"당신은 지금 창작을 하고 있어요."

이번에는 내가 그녀를 잡고 말했다.

"아니오. 이건 창작이 아니오! 그저 내 머릿속에서 일어나는 일을 기록하고 있는 거요."

그리고 그 목소리가 다시 뭐라고 하면 반격을 가하려고 마음의 준비를 단단히 했다. (중략)

---

* 과거에 어떤 사람과의 특별한 관계를 현재 만나는 사람과의 관계 속에서 재현하는 것을 말하는 심리학 용어.

그것은 마치 나의 내면에서 어떤 여자가 나를 방해하고 있는 것 같은 느낌이었다. 그런데 나는 왜 그 목소리를 여성의 것이라고 생각했을까? 나중에서야 나는 그 목소리가 남자의 무의식 속에서 여성성의 전형적인 또는 원형적인 역할을 하고 있다는 것을 알았다. 나는 그 존재를 '아니마'라고 부르기로 했다. (중략)

그때 내가 처음 만난 아니마는 부정적인 측면이 강했다. 나는 그 존재에 다소 두려움을 느꼈다. 마치 방 안에 보이지 않는 존재가 있는 것 같았다. (중략) 아니마가 하는 말은 아주 교활하게 들렸다. 만일 그때 내가 머리에 떠오르는 무의식의 환상을 연구하는 것이 창작이라고 주장하는 아니마의 말을 그대로 인정하고 받아들였다면 그 환상들은 마치 영화를 보는 것처럼 시각적 경험으로 끝나 버렸을 것이다.

아니마는 더 나아가서 나를 엉터리 예술가라고 믿게 만들었을 것이다. 내가 예술적 재능을 갖고 있다는 주제넘은 생각을 하고 있다고 나무랐을 것이다. 그리고 결국 얼마 후에는 나 스스로 이렇게 말했을 것이다.

"내가 감히 예술을 하겠다고 생각한 것인가? 부질없는 생각을 했구나."

이 흥미로운 융의 체험담은 아니마가 어떤 식으로 남자의 의식에 파괴적인 영향력을 행사할 수 있는지 보여준다. 부정적인 아니마는 신화에 등장하는 마녀처럼 남자를 유혹해서 의욕을 좌절시키고 무력하게 만든다. 그 목소리에 지배되지 않기 위해서 남자는 자신의 판단을 믿고 나약한 감정에 휘둘리지 않는 정신력을 길러야 한다.

일반화의 오류에 갇힌 여자

아니마가 남자의 감정을 지배한다면, 아니무스는 여자의 생각을 지배한다. 여자들은 원래 보살피고 배려하고 포용하는 특성을 갖고 있다. 그런데 여자가 상대방의 개인적인 사정을 무시하고 섣부른 판단, 일반화, 비판, 단호한 주장을 펼칠 때는 대부분 스스로 생각해서 하는 말이 아니라 부모, 책이나 신문 기사, 교회나 다른 권위 있는 출처로부터 수집한 것을 이야기하는 것이다. 이것은 여자의 주체적인 사고 능력을 아니무스가 진부하고 상투적인 논리로 방해하고 있기 때문이다.

여자의 꿈에서 부정적인 아니무스는 예를 들어, 남자들이 술집에 모여 정치나 종교에 대해 토론을 벌이거나 약탈자와 같은 위험한 남자들이 무리를 지어 다니는 것처럼 집단의 이미지로 나타나곤 한다. 이것은 아니무스가 대중의 여론에 휘둘리기 쉬운 경향을 갖고 있기 때문이다. 만일 여자가 상대방의 개인적인 입장은 고려하지 않고 섣부른 단정을 내리거나 상투적인 구호를 외친다면 아니무스에 사로잡힌 것이다.

아니무스 의견은 또한 단정적이고 파괴적인 성질을 띠고 있다. 따라서 아니무스에 사로잡힌 여자는 직설적이고 비판적인 말로 주변 사람들을 괴롭히고 힘들게 만든다. 고집스러운 태도를 취하면서 자기주장을 굽히지 않기 때문에 순조로운 대화를 하기도 어렵다. 개인의 사정을 일반화시켜서 하는 말은 얼핏 들으면 그럴 듯하지만 가까운 사람들의 마음에 상처를 준다. 예를 들어, 직장 생활에 회의를 느끼는 남편에게 아내가 그를 위로한 답시고 이렇게 말한다고 하자.

"직장에 다니는 사람들은 다 그래요. 혼자만 힘들다고 생각하지 말아요."

남자는 자신이 느끼는 감정을 일반화하는 말에 위로를 받기보다 머쓱한 기분이 든다. 왠지 모르게 여자가 자신을 무시하는 것처럼 느껴지고 야속하고 외로운 기분이 든다.

여자가 이처럼 무심하고 냉정하게 반응하는 것은 아니무스가 부정적으로 작용해서 여성의 가장 소중한 정신적 가치라고 할 수 있는 감정이입 능력을 방해하기 때문이다. 만일 어머니가 아니무스에 사로잡혀 있다면 그 자녀들은 모성애를 느끼지 못한다. 비판적이고 단정적인 태도가 아이들을 사랑하는 마음을 가로막고 있기 때문이다. 게다가 특히 자녀를 독립된 인격체로 인정하지 않는다면 자녀에게 자신의 그림자 인격이나 욕망을 투사해서 다그치게 된다. 이런 어머니에게 아버지가 자녀교육을 전적으로 맡겨버린다면, 아이들은 마음에 상처를 입었을 때 누구에게도 위로받지 못할 것이다.

아니무스에 사로잡힌 여자는 경직되고 냉정해 보이므로 사람들은 그녀를 조심스러워하고 멀리할 수밖에 없다. 그럴수록 그녀 자신도 마음의 상처를 받고 점점 더 방어적인 태도를 취하게 된다. 융학파 분석가인 바바라 한나Barbara Hannah는 『온전함을 향한 갈망Striving Towards Wholeness』이라는 저서에서 아니무스의 특징을 에밀리 브론테의 소설 『폭풍의 언덕Wuthering Heights』에 등장하는 인물들을 예로 들어 설명하고 있다. 이 소설은 도시에 사는 록우드라는 사람이 전원생활을 즐기기 위해 주인공 히스클리프의 농장에 세들어 살게 되면서 집주인에게 인사를 하기 위해 '폭풍의 언덕'이라는 이름의 저택을 찾아오는 것으로 시작된다. 그날 저녁 눈보라 때문에 발이 묶인 록우드는 어쩔 수 없이 그 저택에서 하룻밤을 묵게 된다. 오랫동안 사용하지 않은 것처럼 보이는 어두침침한 방에서 뒤척거리다가 잠이 든 그는 악몽을 꾼다. 꿈에서 그는 인간이 저지르는 사백아흔 가지 죄에 대해 하나하나 지루하고 장황하게 설명하는 목사의 설교를 침울한 표정으로 듣고 있는 사람들의 무리 속에 있었다. 목사는 한 가지 죄에 대해 이야기할 때마다 보통 하는 설교와 맞먹을 만큼 긴 시간이 걸렸을 뿐 아니라 하나같이 억지스럽고 터무니없는 내용이었다.

아, 얼마나 지루하던지! 몇 번이나 몸을 뒤틀고, 하품을 하고, 졸다가 깨기를 반복했던가! 내 몸을 꼬집고 찌르기도 하고 눈을 비비고, 일어섰다가 다시 앉기도 했다. 마침내 사백아흔 가지 죄에 대한 설교가 모두 끝났다고 생각했을 때 그는 다시 사백아흔한 번째 죄에 대해 이야기를 시작했다! 록우드는 더 이상 참을 수 없어서 자리에서 벌떡 일어나 이의를 제기한다. "목사님, 나는 당신이 이야기하는 사백아흔 가지 죄목을 지금까지 참고 들었습니다. 이제는 더 이상 못 듣겠군요!"
하지만 목사는 지루한 설교를 그만둘 생각이 전혀 없었다. 오히려 그는 록우드를 손가락으로 가리키며 신도들을 향해 소리친다. "저 자를 처단하시오!"
그러자 주변에 앉아 있던 사람들이 록우드에게 달려들었고 그는 방어를 하느라 그들과 한데 뒤엉켜서 싸우다가 잠에서 깨어난다.

록우드의 꿈속에서 인간이 저지를 수 있는 '죄'를 끝없이 열거하는 목사는 아니무스의 화신과도 같다. 세상에 없는 죄도 만들어내는 재주를 갖고 있는 그 목사처럼, 부정적인 아니무스에 사로잡힌 여자는 사람들의 실수와 약점을 지적하고 잔소리를 하면서 죄의식, 패배감, 열등감을 심어준다. 이런 아니무스가 다른 사람이 아닌 여자 자신을 공격하면, 남자가 아니마에 의해 의욕을 잃어버리는 것처럼, 여자는 죄의식에 시달리고 열등감에 빠진다.

여자가 좀 더 적극적으로 자기실현을 위한 진로를 선택하고자 할 때 종종 그녀의 의식에는 부정적인 아니무스가 들어와서 방해를 한다.

"당신은 그럴 만한 능력이 없어요."

"다른 사람들이 당신보다 그 일을 훨씬 더 잘할 거요."

"당신에게는 자랑할 만한 점이 아무것도 없어요."

이러한 아니무스의 비판적 의견에 휘말리면 당연히 우울해지고 주눅이 들 수밖에 없다. 게다가 그 의견이 우리 자신의 생각이라고 착각한다면 열등감에 빠져 잠재된 능력을 발견하고 발전시키는 것은 불가능해진다. '나는 재능이 없다. 나는 제대로 하는 일이 없다. 나보다 잘하는 사람들이 많다. 나는 구제불능이다.'라고 자포자기하게 된다.

아니무스는 여자의 마음속에서 종종 재판관, 심판, 검사처럼 행동하며 일방적인 선언을 하고 토론의 여지를 허용하지 않는다. 이럴 때 아니무스가 권위적인 목소리로 즐겨 하는 말버릇이 있다. 그중에서도 '당연히 — 해야 한다'라는 말이 대표적이다. 문득 마음속에서 나 자신을 비하하고 비판하는 목소리가 들려오면 그것이 아니무스가 하는 말이 아닌지 생각해 보자. 그리고 그것이 나 자신의 생각이 아니라고 판단되면 이의를 제기하자. 아니무스와의 대화를 글로 적으면서 거리를 두고 자신이 처한 상황을 객관적으로 바라보자. 아니무스가 하는 말에 인용부호로 표시를 하면 나 자신의 생각과 좀 더 분명하게 구분할 수 있을 것이다.

산드라는 일찍 부모를 여의었으나 장학금을 받고 용돈을 벌면서 우수한 성적으로 대학을 졸업했다. 그리고 한창 성장하고 있는 중견기업에 입사해서 회사의 미래를 이끌어갈 재원으로 인정받고 있었다. 그런데 그녀는 비행기 조종사가 직업인 남자를 만나 결혼을 약속하고 나서부터 유일하게 남은 가족인 그녀의 오빠가 자살을 시도하는 우울한 환상에 시달리기 시작했다. 그러한 환상이 나타날 때마다 또 다른 생각이 그녀의 머리를 스치고 지나갔다. '내가 정말 약혼자를 사랑한다면 직장을 그만두고 그를 따라 다니면서 최대한 많은 시간을 함께 보내야 한다. 사랑하는 사람을 위해서는 당연히 그렇게 해야 한다. 그에게 무슨 일이 일어날지 어떻게 알겠는가?'

그녀는 심리치료를 받아보기로 했고 그 결과 자신이 사회적으로 성공하고 바쁜 일정에 쫓기게 되면 사랑하는 남자와 멀어질 거라는 두려움을 갖고 있는 것을 깨달았다. 그녀는 약혼자와 함께 그들의 장래에 대해 솔직하게 상의를 했고 그러한 걱정이 기우에 불과하다는 결론을 내릴 수 있었다.

산드라의 이야기는 여자들이 사회의 일반적인 통념에 휘말리지 말고 스스로 생각하는 능력을 길러야 한다는 것을 보여준다. 아니무스 의견이 여자 자신이나 다른 사람들을 힘들게 만드는 이유는 단지 막무가내로 주장을 하기 때문만은 아니다. 여자들로 하여금 스스로 생각하는 능력을 포기하고 일반화의 오류에 빠지게 만들기 때문이다.

여자의 내면에서 들려오는 아니무스 의견은 대체로 남성성에 가치를 두고 여성성을 폄하해 온 인류의 오랜 역사를 통해 만들어진 것이다. 지금까지도 우리 사회는 힘, 통제, 성공, 논리로 대표되는 남성성에 높은 점수를 주고, 연결하고 포용하는 역할을 하는 여성성의 가치를 무시하는 경향이 남아 있다. 이러한 분위기에서 여자들은 자신이 지닌 여성적인 직관과 감정을 믿지 못하고 자신감을 잃기 쉽다.

반면, 여자가 여성성을 잃지 않고 자신의 입장을 지킬 수 있다면 아니무스는 그녀에게 용기, 독립성, 추진력, 판단력과 같은 남성성의 미덕을 불어넣는 훌륭한 동반자가 되어줄 것이다. 여자는 사랑으로 주변을 보살피는 여성성의 가치에 대해 자부심을 갖고 소중히 지켜야 한다. 아니무스가 주장하는 힘의 논리에 갇히면 한 발짝도 앞으로 나아갈 수 없다. 사실 너나 할 것 없이 모두들 물질적 성공을 향해 경쟁적으로 달려가고 있는 현대 사회는 그 어느 때보다 섬세하고 따뜻한 여성적 감수성을 필요로 하고 있다.

아니마와 아니무스가 부딪칠 때

남자와 여자가 종종 다투는 이유는 그들 내면의 아니마와 아니무스가 서로를 자극하는 성질을 지니고 있기 때문이다. 남자와 여자가 부딪치게 되는 이유는 다양해도 다툼을 하는 방식은 거의 비슷하다는 것이 바로 그 증거다.

예를 들어, 남자가 침울한 모습으로 집에 돌아온다고 해보자. 그는 우울한 기분, 즉 아니마에 사로잡혀 어두운 분위기를 물씬 풍긴다. 그의 아내는 즉시 눈치를 채고 역시 불편하고 견디기 힘든 상태가 된다. 남자가 자신을 괴롭히는 문제가 무엇인지 아내에게 이야기한다면 두 사람이 대화를 통해 문제를 해결할 수도 있지만 남자는 자초지종을 설명하기보다 그저 기분 내키는 대로 행동할 뿐이다. 당연히 두 사람 사이에 긴장이 흐르고 엉뚱하게 상대방의 약점을 공격하기 시작한다. 아니마에 사로잡힌 남자는 상대방을 은근히 비난하는 태도를 취하기 때문에 남자와 신경전을 벌이는 여자는 점점 야속한 마음이 들고 방어적이 된다. 그래서 자칫 잘못하면, 여자의 아니무스가 검이나 곤봉을 들고 나타나 남자를 비난하면서 공격하기 시작한다. 이때 남자가 자신의 내면에서 어떤 일이 일어나고 있는지(아니마 기분이 작용하고 있다는 것)를 알아차리고 의식적으로 대처하지 않는다면, 결국 그의 아니마가 석유통에 성냥을 떨어트리고 말 것이다. 남자는 이성을 잃고 빈정거리거나 화를 내면서 반격을 가한다. 아내의 단점을 들추어내고 처가를 모욕하는 말로 보복을 가하면서 본격적으로 부부싸움이 시작된다.

아니마와 아니무스의 대립은 이처럼 우리가 의도하지 않은 방향으로 상황을 몰고 간다. 따라서 남녀가 서로 감정적으로 충돌할 때는 그 상황이 그들 자신이 의도하는 바가 아니라는 사실을 인식하는 것이 중요하다. 앞서도 말했듯이, 남자들은 자신이 느끼는 감정을 이해하고 표현하는 능력이 부족하기 쉽다. 남자가 마음의 상처, 분노, 또는 당혹감을 느낄 때 대화를 통해 상대방이 알아들을 수 있게 설명하지 않으면 종종 그의 아니마가 대신 그러한 감정들을 붙잡아서 파괴적인 방식으로 표현하게 만든다. 그러면 사실이 왜곡되고 뒤죽박죽이 되면서 결국 사소한 감정이 견딜 수 없는 고통으로 변질되어 걷잡을 수 없이 격해진다. 이런 결과를 피하려면 감정 표현을 두려워하는 남자에게 여자가 먼저 이렇게 질문할 필요가 있다.

"당신은 내게 화가 난 것처럼 보이는군요. 내가 잘못 생각하는 부분이 있다면 차근차근 설명을 해보세요."

이때 남자가 솔직하게 화가 났다는 사실을 인정하고 그 이유를 설명한다면 아마 두 사람은 오해를 풀고 화해할 수 있을 것이다. 하지만 아니라고 말한다면 여자로서는 더 이상 자신의 잘못에 대해 캐묻고 싶지 않을 것이고 어떤 문제가 있는지 확인하고 해결하기 위한 노력을 하지 않게 된다.

게다가 남녀 관계에서 갈등이 생겼을 때 남자가 수동적인 태도를 취하면서 피하려고 하면 종종 여자의 아니무스가 남자를 지배하려고 나선다. 남자의 수동성은 여자의 아니무스를 밖으로 끌어내는 경향이 있다. 여자의 아니무스가 힘의 논리로 남자를 제압하려고 시도하면 남자는 당연히 자존심이 상해서 반격을 가할 것이다. 남자가 이런 반응을 보일 때 여자는 자신의 행동을 돌아볼 필요가 있다. 남자의 자존심을 존중하는 태도를 취한다면 여자 자신도 상대방을 지배하려 하는 아니무스로부터 자유로워질 것이다.

남자와 마찬가지로, 여자 역시 사람들과의 관계에서 느끼는 불편하거나 서운한 감정을 솔직하게 이야기하지 않고 마음에 담아두면 얼마 안 가 아니무스가 전면에 나서게 된다. 아니무스는 곤봉이나 검을 꺼내 들고 직접적으로 상대를 공격한다. 이때 아니무스가 상대방을 비난하는 내용은 종종 문제의 본질에서 벗어나기 쉽다. 논리적인 것처럼 들리지만 실제 문제와 관련이 없는 주장을 펼치기 때문에 억지를 쓰는 것이나 다름없다.

남자가 이러한 여자의 아니무스와 마주치면 터무니없는 공격에 화가 나고 역시 아니마의 손아귀에 들어가는 악순환으로 이어진다. 다만, 남자가 침착한 태도를 유지하고 이성적으로 대응한다면, 여자를 아니무스의 손아귀에서 해방시킬 수 있다. 아니면 적어도 그 자신이 아니마의 손아귀에 떨어지지 않는다. 여자의 아니무스가 자신을 공격하고 있다고 느낄 때 남자는 이렇게 말할 수 있다.

"당신이 정말 화가 나는 이유가 무엇인지 잘 생각해 봐요."

그러면 종종 여자는 실제로 자신을 괴롭히는 문제가 따로 있다는 것을 깨닫는다. 예를 들어, 아내가 남편이 입은 옷을 보고 못마땅해하며 잔소리를 하는 진짜 이유는 전날 밤 파티에 모인 사람들 앞에서 그에게 면박을 당했던 일에 대한 보복이라는 걸 알아차린다. 마리 루이제 폰 프란츠는 『동화속 여성성』에서 여자가 마음에 상처를 받았을 때 그녀 내면의 아니무스가 어떤 식으로 작용하는지 설명했다.

여자는 아니무스에 사로잡혀 있을 때 다른 사람을 비난하고 무시하는 경향이 있다. 그 저변에는 언젠가 마음의 상처를 받은 것에 대해 보복을 하려는 의도가 숨어 있다. 사랑 받지 못하고 있다는 실망감이 사람들을 더욱 멀어지게 만드는 태도를 취하게 만드는 것이다. 왠지 모르게 상대방의 행동이 못마땅하게 느껴질 때는 우리 자신에게 이렇게 물어보자.

"나는 어떤 일로 인해 실망을 하거나 마음에 상처를 받았지만 그 당시에 그것을 충분히 인지하지 못한 것 같다. 그것이 무엇일까?"

마음에 상처를 받고도 그냥 지나쳐버렸던 시점으로 돌아가 그 원인을 알 수 있다면 이제라도 문제를 해결하고 아니무스의 손아귀에서 빠져나올 수 있다.

남자도 마찬가지로 아니마에 사로잡히면 마음에 상처를 받은 여자처럼 상대방을 원망하는 마음이 생긴다. 이런 기분이 들면 자신에게 질문을 해볼 필요가 있다.

"어디에서부터 잘못된 것일까? 내 안의 아니마는 어떤 모습을 하고 있는가? 무엇 때문에 마음에 상처를 입었는가?"

다시 말해, 아니마 기분에 사로잡힌 원인을 알면 그 영향력에서 벗어나 이성적으로 생각할 수 있다. 또한 남자는 여자가 쏘아붙이고 비난하는 것에 대한 두려움을 극복해야 한다. 여자에게서 싫은 소리를 듣지 않으려고 비위를 맞추거나 응석을 받아주면서 불편한 상황을 피해가려고 한다면 두 사람 사이에 갈등이 일어나게 된 원인을 알아내 문제를 해결하기가 불가능하다. 사실 갈등이 있을 때 남자가 나약하고 방어적인 태도를 취하면 여자는 점점 더 힘들어진다. 여자가 남자에게 바라는 것은 문제를 해결하고 관계를 회복하겠다는 의지를 보여주는 것이기 때문이다.

앞에서 이야기했듯이, 남자가 불안감을 느낄 때 그의 내면에는 어릴 때 어머니에게 야단맞는 것을 두려워하고 혼자 추운 곳에 남겨질까 두려워하던 작은 소년이 남아있을 수 있다. 어머니는 그에게 말했다.

"만일 내가 시키는 것을 하지 않으면 너를 따뜻하게 대해주지 않을 거야. 엄마 말을 듣지 않으면 그렇게 되는 거야."

아니면 통제와 처벌의 방법으로 죄의식을 느끼게 만들었을 수도 있다.

"너는 나쁜 아이구나. 엄마를 화나게 했으니 네 방에 들어가서 나오지 마라."

여자들은 남자에게 죄의식을 느끼게 만드는 방법을 알고 있다. 그리고 불편한 감정을 감당하지 못하는 남자는 여자가 화를 내면 슬그머니 자리를 피하거나 아니면 어떤 식으로든 여자를 제압하고 지배하려고 한다. 남자가 여자와 소통하는 법을 배우려면 먼저 내면의 작은 소년과 화해를 해야 한다. 감정적인 대립을 피하기 위해 현실을 회피해서는 안 된다. 남녀가 솔직하게 자신이 느끼는 감정을 설명하는 것만으로도 문제를 해결하는 데 도움이 된다. 다만 남자의 아니마와 여자의 아니무스가 만나면 감정 싸움으로 번져서 문제의 본질에서 멀어지기 쉬우므로 주의해야 한다.

하지만 물론 남자와 여자가 감정적으로 부딪칠 때는 자신들이 아니마와 아니무스에게 사로잡혀 있다는 생각을 하지 못한다. 오히려 모든 분란의 책임은 상대방에게 있다고 확신한다. 융은 여자의 아니무스가 얼마만큼 남자를 못 견디게 만드는지를 이렇게 표현했다.

"남자는 여자의 아니무스와 마주치면 5분도 안 되어 아니마에게 사로잡힌다."

따라서 우리의 감정과 행동을 거리를 두고 객관적으로 바라보기 위해서는 아니마와 아니무스의 투사를 자각할 수 있어야 한다. 다만, 남녀가 함께 대화로 문제를 풀어갈 때 한 가지 주의할 점은 아니마와 아니무스 같은 심리학 용어를 사용하는 것을 피해야 한다는 것이다. 일상적인 언어를 사용해서 상대방에게 귀를 기울이고 솔직하고 자연스러운 대화를 나누어야 한다.

예를 들어, 여자는 남자가 우울해하는 것을 보았을 때 '당신 지금 아니마에 사로잡혀 있는 것 같군요' 라는 식으로 말하는 건 적절하지 않다. 그보다는 이렇게 물어봐야 한다.

"당신, 기분이 안 좋아 보여요. 무슨 일로 마음이 상했는지 이야기해 보세요."

마찬가지로 남자는 여자의 아니무스가 자신을 공격하고 있다고 생각할 때 '당신의 아니무스가 또 다시 나타났군요'라고 말하는 것보다는 다음과 같이 말해야 한다.

"왜 그런지 모르지만, 당신이 나에게 단단히 화가 난 것 같은데 어떤 문제가 있는지 이야기해 보세요."

고대 바빌로니아에서는 사람이 세상에 태어날 때부터 죽는 날까지 그의 영혼과 평생을 함께하는 신들이 있는데, 그중에는 사람의 영혼이 옳은 길로 가도록 도와주고 인도하는 신들이 있고 그릇된 길로 가도록 유혹하고 파괴하는 신들이 있다고 믿었다. 유대교와 기독교에서도 우리의 영혼을 파괴하는 신을 사탄이라고 부른다. 그리스어로 사탄은 '역경' 또는 '비난하는 자'라는 뜻을 갖고 있다. 아니마와 아니무스가 부정적으로 작용하면 우리의 영혼을 파괴하고 무력화시키는 사탄이 된다.

아니마와 아니무스는 우리 내면에 적절히 자리를 잡고 있을 때 우리에게 도움을 주는 동반자 역할을 한다. 긍정적인 아니마와 아니무스를 만나 도움을 받기 위해서는 먼저 부정적인 영향력을 극복해야 한다. 남자는 자신의 아니마와, 여자는 자신의 아니무스와 긍정적인 관계를 맺는다면 그 영향력에 휩싸이지 않고 각자 자신이 가진 잠재력과 가능성을 실현하고 보다 온전한 인격을 향해 가는 길을 발견할 수 있다.

다음 장에서는 어떻게 하면 아니마와 아니무스의 부정적인 영향력을 극복하고 긍정적인 측면을 이용할 수 있는지에 대해 좀 더 자세히 알아보겠다.

3장

의식과 무의식을
연결하는 다리

사랑은 영원히 지속되어야 하는 것이 아닌가?
아니면, 어쩌다가 정거장을 만나면 갈아타는 열차와 같은 것인가?

제프 멜보인

그림자 뒤에 빛이 있다

괴테의 위대한 희곡 『파우스트Faust』에서 악마 메피스토펠레스는 '당신은 대체 누구요?'라고 묻는 질문에 이렇게 대답한다.

"나는 언제나 악을 의도하지만 결국은 선을 창조해 내는 힘이라네."

악의 힘은 파괴를 불러오지만 궁극적으로는 선을 이끌어 낼 수 있는 가능성을 갖고 있다. 우리 무의식 속에 있는 아니마와 아니무스는 종종 그 어두운 측면을 드러내며, 그로 인해 분노와 부정적인 생각에 사로잡혀 불행한 결과를 초래하기도 한다. 하지만 어둠 뒤에는 언제나 빛이 숨어 있기 마련이다.

융학파 분석가이며 심리학자인 로버트 존슨Robert Johnson은 성배 전설의 의미를 심리학적으로 탐색한 『남성HE!』에서 아니마가 드러내는 어두운 측면이 내포하고 있는 의미를 설명한다. 아서왕의 원탁의 기사들 중에서 파르지팔은 누구보다 많은 적을 물리치고 가장 명예로운 자리에 올랐다. 그를 축하하는 연회가 열리고 기사들은 모두 승리감에 들떠 있었다. 그때 한 낯선 여자가 연회장으로 걸어 들어왔다.

그녀는 두 갈래로 길게 땋은 검은 머리를 바닥에 질질 끌면서 나타났다. 손과 손톱은 시커멓게 죽어 있었고, 눈은 쥐처럼 작았으며, 코는 원숭이와 고양이를, 입술은 당나귀와 황소를 닮아 있었다. 턱에는 수염이 났고 가슴과 등은 앞뒤로 부풀었으며 허벅지와 어깨는 고목의 뿌리처럼 꼬여 있었다.

이처럼 무시무시한 모습의 추녀가 등장하자 기사들은 놀라움으로 망연자실했고, 축제의 들뜬 분위기는 싸늘하게 가라앉았다. 연회는 중단되고 여기저기서 수군거리는 소리가 들렸다. 그러자 추녀가 입을 열어 파르지팔이 지은 죄를 줄줄이 나열하기 시작했다. 그녀는 파르지팔이 지금껏 살면서 어떤 실수를 저질렀는지, 그가 울린 처녀들과 부모를 잃고 고아가 된 아이들이 어떤 고통을 겪고 있는지를 이야기하며 그를 비난했다.
"이 모든 비극이 당신으로 인해 빚어진 것이다."
물론 추녀는 아니마를 인격화한 것이다. 그녀는 불길하고 음산한 분위기를 풍긴다. 의기충천해 있는 기사들 앞에 나타난 그 추녀는 남자가 보통 중년에 이르러 세속적인 성공의 정점에서 어느 날 갑자기 느끼는 우울한 예감, 불안감을 상징한다. 남자는 그동안 세속적인 성공에만 매달려서 자신의 또 다른 측면, 즉 그 자신의 여성적인 면, 정서적인 면, 영적인 면을 돌보지 않았다. 마치 지옥에서 곧바로 걸어 나온 것처럼 보이는 그 추녀는 남자를 우울한 기분, 알코올 중독, 질병, 자살로 끌고 가는 부정적인 아니마다. 남자가 자신의 정서적 측면을 거부할수록 그의 아니마는 점점 더 어둡고 괴팍해질 것이다.

하지만 성배 전설의 주인공 파르지팔은 추녀를 만난 후 모험과 정복과 세속적인 성공에 대한 남성적 욕망을 위해 버려두었던 내면의 여행을 다시 시작하고 결국 온전함과 완전함의 상징인 성배를 발견한다.

로버트 존슨이 말하고자 하는 것은 남자의 마음속에 혐오스러운 추녀 — 세속의 성공을 비웃는 듯한 우울한 기분 — 가 나타날 때 그녀를 무시하거나 피하지 말고 정중하게 대해야 한다는 것이다. 그러면 그녀는 남자를 올바른 길로 인도할 것이지만, 그러지 않으면 파멸로 몰고 갈 것이다. 다시 말해, 부정적인 아니마가 불러오는 불편한 기분을 덮어 버리고 관심을 다른 곳으로 돌리기 위해 성공에 더욱 집착하거나, 알코올이나 마약으로 위안을 삼거나, 여성 편력을 일삼거나 한다면, 그의 업보는 계속 쌓여가고 아니마는 그에게 점점 더 적대적이 된다.

'페르세우스의 방패에 비친 메두사', 미켈란젤로 다 카라바조 1597년 작

그리스 신화에 나오는 메두사는 흉측한 모습을 한 괴물이다. 페르세우스의 방패에 비친 자신의 모습을 본 메두사는 그 자리에서 돌로 변해버린다. 공포와 고통으로 일그러진 메두사의 얼굴은 우리 내면에 숨겨져 있던 무의식이 드러날 때 의식이 받는 충격을 표현한다.

남자가 정상에 서서 마침내 원하는 것을 손에 넣었다는 성취감을 느낄 때 마음 한켠으로 왠지 모르게 불안하고 초조한 기분이 든다면 그 부정적인 감정을 인격화해서 내면의 대화를 해보는 시간이 필요하다. 만일 그러한 불안감이 그 자신의 영혼을 발견하라는 부름이라는 사실을 인식한다면 아니마는 그를 온전한 인격을 향해 가도록 이끄는 역할로 방향을 바꿀 것이다.

여자들의 경우에는 흔히 갱년기에 이르러 인생의 위기가 찾아온다. 여자는 결혼을 하고 가정을 꾸리고 자식들을 잘 키워서 독립을 시켰다. 그런데 만족은커녕 왠지 모르게 우울하고 마음이 허전하다. 이 때 여자의 아니무스가 말썽을 부리기 시작한다. 여자의 아니무스는 이제 악령이 되어 그녀가 자신을 희생하면서 지금까지 이룬 것이 모두 헛되다고 속삭인다. 또한 그녀의 입을 통해 상투적인 논리를 펼치며 주변 사람들을 괴롭힌다.
여자가 이와 같은 부정적 아니무스의 지배에 들어가지 않는 길은 정신적으로 성숙해지는 방법뿐이다. 다른 선택은 없다. 의식을 확장해서 새롭게 마음을 다스리고 이성과 지성을 발전시키지 않는다면 점점 더 심술궂고 잔인한 아니무스의 지배에 갇혀버릴 것이다.

아니마와 아니무스를 포함한 그림자 인격들은 우리가 소홀히

할수록 점점 어두워지면서 부정적인 측면이 강해지는 특성을 갖고 있다. 하지만 바로 그러한 부정적인 측면이 우리로 하여금 결국 온전한 인격을 향해 갈 수 있도록 인도한다. 아니마와 아니무스의 부정적 영향에서 자유로워지기 위해서는 우선 우리 내면에서 어떤 일이 일어나고 있는지 깨닫는 것이 중요하다. 다시 말해, 남자의 경우 뚜렷한 이유 없이 우울해지거나 강박적으로 성적 환상에 휘말리거나 하는 이유가 내면의 아니마라는 심혼이 작용하고 있기 때문이라는 사실을 인식해야 한다. 그리고 여자의 경우에는 어떤 단정적인 의견이나 원망하는 마음이 의식으로 들어올 때 그것이 정말 자신의 생각인지 아니면 아니무스라는 심혼이 부정적으로 작용하고 있는 것은 아닌지 돌아볼 필요가 있다. 이러한 인식을 통해 비로소 아니마와 아니무스가 외부의 누군가에게 투사된 내용을 거두어들이고 그릇된 판단을 바로잡을 수 있다.

다시 말하지만, 투사가 일어나지 않도록 하는 것은 불가능하다. 투사는 우리의 의지와는 상관없이 저절로 일어나기 때문이다. 하지만 투사가 일어나고 있다는 사실을 인식하는 법은 배울 수 있다. 아니마와 아니무스는 마치 외부의 누군가에게 자신을 투사해서 우리에게 존재를 알리는 듯하다. 실제로 우리는 아니마와 아니무스를 투사를 통해서만 만날 수 있다. 그리고 투사가 일어나고 있다는 사실을 인식하고 우리 자신과 내면의 인격을 분리하는 작업을 시작한다면 그 부정적인 영향력에서 자유로워질 수 있다. 이를테면 아니마가 불러내는 기분, 아니무스가 주장하는 의견을 우리 자신의 감정이나 생각과 구분하는 것이 필요하다.

남자는 아니마의 투사를 인식하고 자신이 느끼는 감정을 이해하고 적절히 표현한다면 우울하고 화가 나는 감정에서 헤어날 수 있다. 아니마는 남자에게 부정적인 영향을 줄 수 있지만 그로 인해 남자가 자신의 정서적인 측면을 의식할 수 있다면 결국 정신적으로 성숙해지는 기회가 되는 것이다.

여자도 마찬가지로 아니무스의 부정적 비판에 맞서기 위해서는 자신이 정말 중요하게 생각하는 가치가 무엇인지 알아야 한다. 남들과 비교하지 말고 주체적으로 사고하면서 꿋꿋하게 자리를 지켜야 한다. 부정적인 아니무스는 마치 융통성 없고 편협한 남자와도 같다. 아니무스가 개인적인 상황을 무시하고 쏟아내는 진부한 의견에 굴복하지 말고 이렇게 타일러보자. "사실 내 입장은 이러이러하다. 이것은 나에게 아주 중요하다. 그러니 더 이상 나에게 반대하지 말기 바란다."

아니마와 아니무스가 우리 내면에서 긍정적으로 활동할 공간을 마련해야 한다는 것은 남자의 경우, 그의 삶에서 주변 사람들과 의미 있는 관계를 유지하고 따뜻한 인간애를 발휘하는 것을 의미한다. 여자의 경우에는 가정이라는 울타리를 넘어 보다 넓은 세상을 향해 눈을 돌려 보다 높은 차원의 의미와 목표를 추구하는 것을 의미한다.

다시 말해, 남자는 아니마와의 관계 맺기를 통해 삶의 의미를 새롭게 발견할 수 있고 여자는 아니무스와의 관계 맺기를 통해 정신적으로 성장하고 발전하는 길로 들어설 수 있다.

무의식을 의식으로 끌어올리기

하지만 우리 앞에는 커다란 장애물이 가로막고 있다. 융이 말했듯이, 아니마와 아니무스를 이해하기 위해서는 먼저 우리가 오로지 의식만이 존재한다고 믿는 '의식의 일신교—神敎'를 극복해야 한다. 그다음에는 우리의 인격이 의식뿐 아니라 무의식 속에서 활동하는 부분적인 다수의 인격들로 구성되어 있다는 사실을 인식하고 인정해야 한다. 우리는 종종 어떤 생각이나 감정에 불가항력으로 사로잡혀 스스로 의도하지 않은 행동을 한다는 것을 알면서도 의식과 외부세계만이 존재한다는 믿음에 매달린다. 하지만 우리 내면에 존재하는 무의식 세계는 개인의 의식 세계보다 무한히 더 많은 내용을 담고 있다. 융은 『황금꽃의 비밀The Secret of the Golden Flower』에서 그 방대한 무의식의 세계를 의식으로 끌어올리려는 노력을 하지 않는 우리의 무관심한 태도가 인간 존재와 우주의 이치에 대한 이해를 가로막고 있다며 안타까워했다.

우리는 무의식을 배제하고 오로지 의식만을 숭배하고 있다. 우리 마음 속 깊은 곳에서 자율적으로 움직이는, 그리고 때로는 우리의 의지를 거스르는 무의식의 영향을 받고 있다는 사실을 무시하고 오로지 의식에 매달리는 '의식의 일신교'에 빠져 있는 것이다. 인간의 의식을 확장하는 것은 무의식과의 상호작용에 의해서만 가능하다.

실제로 우리는 알게 모르게 우리 내면에서 활동하는 다수의 부분적인 인격들과 끊임없이 대화를 나누고 있다. 이것은 정신이상의 전조가 아니다. 오히려 그 반대다. 우리 내면에 존재하는 여러 인격들과 의식적으로 관계함으로써 온전한 전체정신과 인격에 도달하는 길이 열릴 수 있다.

왠지 모르게 우울하고 의기소침한 기분을 느낀다면 그 기분을 인격화해서 대화를 시작해 보자. 그리고 대화를 나누면서 글로 적어보자. 그 인격화된 기분이 어떤 대답을 할지 상상해보자. 머리에 떠오르는 것은 무엇이든지 대답이 될 수 있다. 어떤 대답이 적절한지 아닌지는 따지지 말고 계속 대화를 주고받으면서 생각나는 대로 써 내려가면 된다. 그렇게 내면의 대화를 나누다 보면 자아가 강해지면서 점차 우울한 기분에서 벗어나는 것을 느낄 것이다. 또한 글로 적는 것은 대화를 좀 더 현실적으로 느끼게 만드는 효과가 있다. 그리고 나중에 필요할 때 다시 읽어보면서 환기할 수도 있다.

아니마 기분을 인격화해서 대화를 시도해 보면 종종 아주 많은 이야기를 듣게 된다. 마치 어떤 여자가 누군가에게 호의적으로 접근했다가 무시를 당한 것처럼 토라져서 투덜거리기도 한다. 마치 아니마는 처음에 교묘하고 위험한 술책을 사용해서 자신의 존재를 인식하도록 만드는 듯하다. 하지만 일단 우리가 아니마의 존재를 인식하면 그 부정적인 영향력을 제어할 수 있다.

여자가 아니무스와 대화하는 것도 역시 마찬가지다. 아니무스 의견은 마치 여자의 마음속에 저절로 떠오르는 생각처럼 인식이 되며, 얼핏 들으면 논리적인 주장을 펼치는 것처럼 들린다. 그러한 생각들이 여자 자신의 것이 아니라는 것을 인식하면 아니무스 의견에 맞서 주체적으로 판단하고 결정할 수 있다. 아니무스가 하는 말을 구분하기 위해서는 어떤 말투로 이야기하는지에 주의를 기울이면 좀 더 수월하다. 아니무스는 보통, 앞에서도 말했듯이, '—해야 한다' 또는 '—하는 것이 당연하다'라는 식의 단정적인 어투로 이야기한다.

머리에 떠오르는 생각들을 적고 나서 우리 자신의 생각이 아닌 아니무스의 생각을 인용부호로 표시하면 좀 더 분명하게 구분이 된다. 그러면 보다 수월하게 아니무스의 의견에 맞서 반박을 하거나 우리 자신의 입장을 설명하면서 설득할 수 있다.

다시 말하지만, 이렇게 아니무스와 대화를 하면서 글로 적어가다 보면 자아가 강해진다. 왜냐하면 연필을 잡고 글을 쓰는 주체는 우리의 자아이기 때문이다. 중요한 것은 대화를 나누면서 긍정적인 관계를 맺는 것이다. 아니마와 아니무스는 우리의 무의식 깊은 곳에 자리잡고 있는 원형의 심혼이기 때문에 영원히 사라져버리는 일은 없다. 성가시더라도 어떤 식으로든 같이 지내야 하는 우리 내면의 동반자다. 이 동반자와 어떤 관계를 갖는지에 따라 우리의 삶은 크게 달라질 수 있다. 아니마와 아니무스는 우리가 그 존재를 거부하거나 무시하면 부정적인 측면을 보여줄 것이고, 이해하고 받아들이면 긍정적인 측면을 보여줄 것이다.

남자는 내면의 아니마와 대화하는 법을 배워야 하고 여자 또한 내면의 아니무스와 대화하는 법을 배워야 하는 동시에, 남자와 여자는 현실에서 서로 대화하는 법을 배우는 것이 중요하다. 아니마와 아니무스를 이해하는 데 현실에서의 이성 관계가 도움이 될 수 있는 것처럼, 거꾸로 우리 내면의 아니마나 아니무스와 긍정적인 관계를 맺으면 이성과의 관계에 도움이 된다.

또한 아니마나 아니무스와 대화를 나누는 것이 우리의 자아에 속해 있는 내용과 무의식의 심혼에 속해 있는 내용을 구분하는 데 도움이 되는 것처럼, 남자와 여자는 대화를 통해 서로의 차이를 이해하고 상대방의 인격을 존중하는 법을 배울 수 있다. 그리고 그 과정에서 우리 자신뿐 아니라 상대방의 내면세계를 이해하게 된다. 다만 주의할 점은, 남녀가 함께 감정과 생각을 나누고 상대방에게 귀를 기울일 때 아니마와 아니무스가 끼어들지 못하게 해야 한다는 것이다. 남자의 아니마 기분과 여자의 아니무스 의견이 끼어들면 분별력이 흐려져서 객관적인 판단이 불가능해지고 문제 해결에서 점점 더 멀어진다.

남자가 자신이 갖고 있는 여성성과 화해하기를 원한다면 현실에서 만나는 여자들의 특성을 이해하려고 노력해야 한다. 마찬가지로 여자는 남자의 생각과 감정이 전개되는 방식이 다르다는 것을 이해할 필요가 있다. 남녀의 차이를 이해하고 받아들일 때 우리의 의식이 확장되며, 아니마와 아니무스는 더 이상 밖으로 나오는 일이 없이 우리 내면에 있는 자기 자리로 돌아가게 된다.

아니마와 아니무스는 집단 무의식인 동시에 개인 무의식의 내용을 포함하고 있기 때문에 자아의 의식 세계와 내면의 무의식 세계 사이에서 다리 역할을 한다. 이것은 융이 아니마와 아니무스를 가장 포괄적으로 정의한 것이다. 또한 그의 동료이자 제자인 폰 프란츠는 『인간과 그 상징Man and His Symbols』에서 남자의 아니마를 다음과 같이 정의했다.

아니마란 예를 들어, 모호한 감정과 기분 그리고 무의식과의 관계 같은 남자의 정신 속에 있는 여성적 심리 성향이다.

이러한 정의에 의하면, 만일 남자가 자신의 기분, 감정, 환상, 정서와 같은 심리적 사건들을 자세히 살핀다면 그가 모르고 있던 내면의 인격을 만날 수 있다는 것을 의미한다. 마치 아니마는 무의식의 내용에 관여해서 남자의 의식에 도달하려는 듯하다. 따라서, 남자가 아니마를 내면의 심혼으로 인정하면 자신의 인격을 구성하는 원형의 이미지에 가까이 다가갈 수 있게 되는 것이다.

하지만 우리가 이런 사실을 이해하기 어려운 이유는 무의식의 영향력을 진지하게 받아들이지 않기 때문이다. 사실 많은 사람들이 우리가 의식하지 못하는 내면세계가 존재한다는 사실에 대해 생각조차 하지 않고 살아간다. 하지만 우리가 내면세계를 소홀히 하면 부지불식간에 아니마 기분과 아니무스 의견이 작용해서 앞에서 이야기한 것처럼 관계를 어렵게 만들고, 착각에 빠지게 하고, 불편한 기분과 의견에 휘말리게 하는 등의 역기능을 한다.

유기체는 어느 한 부위가 손상을 입으면 제 기능을 수행하지 못할 뿐 아니라 다른 부위의 기능까지 약화시킨다. 예를 들어, 만일 우리의 지능이 분별력이라는 특별한 기능을 제대로 수행하지 못하면 다른 정신적 측면까지 손상을 입어서 인격 전체가 무너지는 결과가 가져올 수 있다. 아니마와 아니무스 역시 제 자리에서 기능을 하지 않으면 악에 휘말리게 된다고 융은 말했다. "사람들이 정신적으로 무너지고 타락하는 이유는 분명 외부 세계에 적응하는 능력을 요구하는 내면 세계에 올바른 관심을 두지 않기 때문이다."

사실 아니마와 아니무스의 존재를 인식하기 위해서는 상당한 의식적인 노력이 필요하다. 오죽하면 융은 우리가 아니마와 아니무스를 인식하는 것을 '개성화로 가는 역작'이라고 표현했겠는가. 또한 아니마와 아니무스를 인식하고 인정하기 위해서는 우선, 남자는 남자다워야 하고 여자는 여자다워야 한다는 생각을 극복해야 하는데, 이것은 많은 사람들에게 사고방식의 혁명이나 다름없다.

거듭 이야기하지만, 우리가 평소에 인식하지 못하는 무의식역시 우리가 의식하는 외부의 물리적 세계와 마찬가지로 현실적이고 독립적으로 존재한다. 우리의 의지와는 관계없이 외부세

118

계가 움직이는 것처럼, 무의식 세계 역시 엄연하게 존재하며 끊임없이 활동하고 있다. 어떤 상황에서나 우리의 감정과 사고가 무의식의 영향을 받고 있다는 사실을 염두에 둘 때 비로소 객관적이고 합리적인 판단이 가능해진다.

남자의 감정적 성숙을 유도하는 아니마

아니마는 남자의 내면에서 긍정적으로 기능할 때 그의 의식을 확장시키는 역할을 한다. 또한 꿈, 환상, 새로운 아이디어를 통해 정신적 이미지와 활기를 주는 감정들로 이루어진 내면세계를 인식하도록 유도함으로써 인격을 풍요롭게 한다. 남자의 의식은 무의식과의 접촉이 없을 때 지나치게 현실적이고 집중적인 경향이 있기 때문에 정신 세계가 경직되고 메마르고 건조해지기 쉽다. 아니마가 만들어내는 것들—꿈, 환상, 상상, 상징, 우연한 생각 등—을 흡수하고 소화해서 의식에 통합할 때 비로소 창조적이고 풍요로우며 활기찬 정신을 갖게 된다.

우리는 남성성을 태양에, 여성성을 달에 비유하곤 한다. 밝은 대낮에는 모든 것이 자세히 보이고 분명하게 구분이 된다. 하지만 뜨겁고 눈부신 태양은 오래 견디기 어렵다. 서늘한 공기, 습기, 그늘이 없다면 아무리 아름다운 풍경도 금방 시들어버린다.

대지는 말라버리고 불모지가 된다. 내면세계와 소통하지 않는 남자는 집중력은 강하지만 상상력이 부족하며 목표를 향해 돌진할 수는 있지만 따뜻한 감성이 메말라 있다. 힘을 추구할 수는 있지만 새로운 삶을 창조할 수 없다. 남성적인 힘이 고갈되지 않으면서 동시에 풍부한 감수성을 유지하기 위해서는 음과 양이 만나 조화를 이루도록 해야 한다.

융은 아니마가 남자에게 활력을 불러일으키는 중요한 심리적 특성들을 부여한다는 의미로 '생명의 원형', '생명력을 강화하는 유혹'이라고 표현하기도 했다. 아니마는 남자에게 영혼과 같아서 손에 잡히지 않는 곳에 있지만 감성을 풍부하게 할 뿐 아니라 끈질긴 생명력으로 시련과 고통을 견디고 보다 가치 있는 삶을 살도록 유도한다. 생명의 신비를 담고 있는 아니마는 삶에 대해 정해진 답을 갖고 있지는 않지만 남자로 하여금 자신의 영혼을 인식하고 발견하도록 돕는 역할을 한다. 융은 아니마에 대해 다음과 같이 기술했다.

아니마는 분명 의미 있는 뭔가를 갖고 있다. 불합리한 변덕스러움과 묘한 대조를 이루는 비밀스러운 지식이나 숨은 지혜를 숨기고 있다. 인간의 운명을 갖고 노는 듯한 잔인한 장난 뒤에 어떤 목적을 숨기고 있으며 삶의 법칙을 훤히 알고 있는 것처럼 느껴진다. 남자가 그 의미를 인식할수록 아니마의 충동적이고 강박적인 특성은 줄어든다. 생명을 구현하는 아니마는 의식과 완전히 결합되지 않지만 그로부터 의식이 깨어날 수 있다. 아니마는 언제라도 남자의 정신 속으로 불현듯 찾아와 어떤 기분, 반응, 충동을 느끼게 만들 준비를 하고 있다.

하지만 아니마를 선善이라고 생각하는 것도 위험한 생각이다. 아니마 그 자체는 선도 아니고 악도 아니며, 도덕의 문제와는 무관하다. 아니마는 단지 살아 있기를 원할 뿐이다. 이런 이유로 아니마와 관계를 맺는 것은 항상 세심한 주의를 요한다. 어떤 특별한 감정에 우리 자신을 온통 내맡기면 안 되는 것과 마찬가지로, 아니마에게도 그래서는 안 된다. 우리는 처음 사랑에 빠질 때 정체를 알 수 없는 강력한 감정에 휘말린다. 남녀의 사랑 이야기가 과학보다는 문학으로, 서술적인 방식이 아닌 극적인 방식을 통해 가장 아름답게 표현되는 것도 이 때문이다. 하지만, 현실에서 남녀는 단순한 사랑의 감정을 넘어서 보다 인간적인 관계를 발전시켜야 한다. 사랑은 어떤 여자에게 아니마를 투사하는 것만으로는 오래 유지될 수 없다. 진정한 사랑을 하기 위해서는 투사를 거두고 상대방을 있는 그대로 볼 수 있어야 한다.

한 여자가 자신을 여신처럼 떠받드는 남자에게 부담을 느낀

다고 고백한 편지를 받고 융은 다음과 같은 답장을 보낸 적이
있다.

그가 당신을 풀리지 않는 수수께끼처럼 신비롭게 생각하는
이유는 아니마의 투사로 인해 당신을 현실의 여자로 볼 수 없
기 때문입니다. 사실 그가 풀어야 하는 수수께끼는 바로 그
자신의 영혼입니다. 그 후에 그는 비로소 당신과 인간적인 관
계를 가질 수 있을 것입니다.

아니마는 단지 남자에게 에로스적 사랑을 일깨울 뿐이다. 사
랑을 하는 주체는 남자 자신이며 그의 아니마가 아니다. 아니마
는 남자의 가슴에 불을 붙여서 사랑의 감정과 개인적 관계에
눈을 뜨게 할 수 있지만 실제로 어떻게 느끼고 사랑할 것인가
는 남자 자신에게 달려 있다.

융은 종종 아니마를 마치 에로스와 동일한 것처럼 언급했고
그를 추종하는 학자들도 아니마를 감정과 동일한 것으로 생각
했다. 따라서 그들은 감정과 에로스가 당연히 여성성에 속해 있
는 것처럼 이야기한다. 하지만 내 생각에는, 그리스 신화에서 아
프로디테의 아들이며 사랑의 전령사인 에로스가 남신이듯이,
에로스를 단지 여성에게만 귀착시킬 만한 근거는 충분하지 않
다. 남자도 감정적이 될 수 있고 여자도 이성적이 될 수 있는 것

처럼 에로스는 여성 뿐 아니라 남성에게도 속해 있다. 아니마는 단지 그러한 기능을 부추기고 이끌어내는 것이다.

융은 아니마를 에덴동산의 이브, 트로이의 헬렌, 동정녀 마리아, 그리고 지혜의 여신 소피아에 단계적으로 비유하기도 했다. 이브는 가장 낮은 수준에 있는 생물학적 본능과 성욕을 불러오는 여성성이다. 트로이의 헬렌은 여성의 미와 영혼을 상징한다. 동정녀 마리아는 신성과의 연결을, 소피아는 가장 고결한 지혜를 구현하는 여신이다.

또한 그리스인들은 사랑과 미의 여신 아프로디테를 세속의 여신 아프로디테 판데모스Aphrodite Pandemos와 천상의 여신 아프로디테 우라노스Aphrodite Uranos로 구분했다. 아프로디테 판데모스는 성적, 육체적 사랑을 에로틱한 환상과 본능적 충동으로 나타나는 여성성이다. 반면, 아프로디테 우라노스는 정신적 사랑을 상징하며 영혼을 신과 연결하는 역할을 해서 최고의 정신적 결합을 달성하도록 도와주는 여성성을 상징한다.

물론 아니마는 여러 가지 차원으로 나타날 수 있다. 문제는 우리가 '아니마의 성숙'이라는 표현을 사용할 수 있는가 하는 것이다. 융심리학자들은 종종 마치 남자가 사랑의 감정을 보다 깊이 느낄 수 있으려면 '그의 아니마를 성숙하게 만들어야' 하는 것처럼 이야기하기도 한다.

하지만 남자가 성숙하는 것은 그 자신의 의지로 하는 것이며, 아니마는 남자의 정신적 성숙도에 따라 다양한 모습으로 나타날 뿐이다. 미성숙한 남자는 미성숙한 아니마를 경험할 것이고, 따라서 아니마의 보다 고귀한 특성들을 이해할 수 없다. 만일 남자가 성숙해지고 '영혼'을 갖게 되면 그때 가장 높은 수준의 아니마와 만날 수 있을 것이다.

아니마와 관련된 또 다른 논란은 아니마가 우리가 '정복'해서 다스릴 수 있는 대상인지, 아니면 언제까지나 독립적인 인격으로 남아 있는 것인지에 대한 것이다. 융의 「분석심리학에 대한 두 편의 에세이」Two Essays on Analytical Psychology를 보면 그가 아니마를 종종 자신을 괴롭히는 성가시고 위험한 존재로 느낀 것을 알 수 있다.

내 안에는 나의 의지를 교묘하게 벗어나는 어떤 정신적인 요소(아니마)가 활동하고 있다. 그것은 내 머릿속에 특별한 생각을 심어줄 수 있고, 달갑지 않은 기분과 감정으로 나를 몰아갈 수 있고, 내가 책임질 수 없는 놀라운 행동을 하게 만들 수 있고, 매우 혼란스러운 방식으로 다른 사람들과의 관계를 망쳐놓을 수도 있다. 이런 상황은 나를 무기력하게 만든다.

아니마라는 여성적 심혼이 남자의 내면에서 그를 유혹하고 조종하며 강력한 영향을 줄 수 있는 것은 분명한 사실이다. 하지만 남자가 '정복'해야 하는 것은 그 자신이다. 다시 말해 아니마가 그의 의지를 방해하고 기분을 지배하고 인간관계를 파괴하지 못하도록 다스릴 수 있는 힘을 길러야 한다. 그러면 아니마는 자기 자리로 돌아가서 그의 영혼을 보다 깊이 경험할 수 있도록 인도할 것이다.

다만, 아니마는 객관적이고 일반적이 되기를 강력하게 거부하고 분명한 개성을 가진 여성적 심혼으로 남아 있으려고 하는 듯하다. 때문에 우리가 아무리 애를 써도 아니마의 고유한 특성을 사라지게 할 수 없다고 힐먼은 말한다. 만일 어떤 남자가 내면의 아니마를 정복해서 자신이 원하는 존재로 만들려고 한다면 결국 그의 자아가 오만해지는 결과가 된다. 즉, 가부장적 태도가 강화되고 여성성을 평가절하하는 편협한 사고방식을 갖게 된다. 그럴수록 아니마는 그에게 적대적이 된다. 융은 아니마의 인격을 우리가 의식적으로 바꿀 수는 없다고 말했다.

"아니마와 아니무스를 인격화하는 것은 우리의 자아가 할 수 있는 일이 아니다. 그들은 애초부터 나름의 인격을 갖추고 있기 때문이다."

이처럼 남자의 의식과 무의식의 세계를 연결하는 아니마의 기능은 '페르소나'가 하는 역할과 대비시켜서 생각할 수 있다. 페르소나는 연극 무대에서 배우가 쓰는 가면을 말하는 그리스어로, 우리의 자아가 외부세계에 드러내는 얼굴을 의미한다. 아니마가 자아와 내면 세계를 연결하는 기능을 하는 것처럼, 페르소나는 자아를 외부 세계와 연결하는 기능을 한다. 페르소나는 우리가 정상적인 사회 생활을 유지하기 위해 반드시 필요한 기능이다. 우리는 페르소나를 사회에 적응하는 수단으로 사용할 뿐 아니라 그 뒤에 숨어서 본 모습을 감추기도 한다. 페르소나가 없다면 사람들과의 관계나 우리에게 주어진 일을 제대로 수행할 수 없을 것이다.

사람들은 누구나 상황에 따라 한 가지 이상의 페르소나를 사용한다. 페르소나를 사용할 때 가장 위험한 것은 페르소나와 완전히 동화되는 것이다. 외부세계에 보여주는 모습을 우리 자신이라고 생각하면 우리의 진정한 모습, 무엇보다 우리가 갖고 있는 어두운 그림자 인격을 인식할 수 없기 때문이다. 이것은 얼굴은 있지만 내면의 깊이가 없는 공허한 삶을 사는 것이나 다름없다.

아니마는 우리의 자아와 내면세계를 연결해서 이러한 페르소나를 보완해 주는 역할을 한다. 만일 우리가 페르소나와 지나치게 동화되면 아니마가 저항하는 반응을 보일 것이다. 따라서 페르소나와 올바른 관계를 맺을 때 아니마와도 올바른 관계를 맺을 수 있다.

네로 황제나 히틀러 같은 위험한 폭군들을 예로 들어보자. 그들의 말 한 마디에 많은 사람들의 목숨이 달려 있었다. 그들은 외부세계에 권력을 행사하면서 자신을 전능한 절대자라고 믿었다. 하지만 겉으로 보이는 모습과는 정반대로 그들의 내면은 걷잡을 수 없는 두려움과 어두운 환상에 사로잡히곤 했다. 그들은 종종 이유를 알 수 없는 불안감에 휩싸이고 사방에서 위협을 느끼고 어둡고 고통스러운 환상에 시달렸다.

대표적인 인물로 로마 제국의 제3대 황제였던 칼리굴라 Caligula가 있다. 자기 자신을 권력과 동일시했던 칼리굴라는 무자비하고 잔인한 인물이었다. 그는 연회에 초대한 손님들에게 자신이 언제라도 마음만 먹으면 그들을 죽일 수 있다고 위협했고, 아내나 정부를 끌어안고 속삭였다. "언제라도 내가 한 마디만 하면 너의 아름다운 머리가 날아갈 것이다."

하지만 그는 천둥 번개가 치면 침대 밑으로 들어가 숨었고, 에트나 화산의 불길을 보고 혼비백산했다. 그는 불면증에 시달리면서 밤마다 넓은 궁전을 헤매고 다니며 고통스럽게 울부짖었다.

외부세계에서 강력한 힘을 휘두르며 자신을 돌아보지 않는 사람들에게 아니마는 성가시고 두려운 환상을 불러일으키고 밤잠을 이루지 못하게 만들고 뭔지 모를 불길한 예감을 심어준다. 그럼으로써 결국 그의 인격이 한쪽으로 치우치지 않도록 경계하고 보완하는 역할을 하는 것이다.

겉으로 드러나는 모습이 자기 자신의 전부라고 믿고 사는 사람은 중년이 되었을 때 심각한 혼란에 빠질 수 있다. 우리는 종종 신문을 장식하는 사회 지도층 인사의 스캔들 기사를 보곤 한다. 오로지 출세를 하기 위해 앞만 보고 달려온 남자가 마침내 막강한 권력을 행사하는 정부 요직에 오른다. 순종적인 비서들과 하급자들은 그에게 아첨을 하며 비위를 맞춘다. 각계각층의 인사들이 그의 선처를 구하기 위해 대기 중이고 화려한 사무실 책상 위에는 접대비 영수증이 수북하게 쌓여 있다. 하지만 그의 내면은 막연한 두려움과 공허감에 짓눌려 있다. 그는 종종 충동적인 성적 환상에 사로잡혀 문란한 생활에 빠져든다. 그는 얼마 안 가 추문에 휘말려 하루아침에 명예를 잃고 가정생활도 파탄이 난다.

권력자들이 저지르는 자기파괴적인 행동의 배경에는 아니마가 불러일으키는 불안과 공포가 있다. 그들은 외부적으로 다른 사람들을 지배하지만 내면에서는 부정적인 아니마의 지배를 받는다. 로버트 존슨이 성배 전설을 분석한 글에서 보듯이, 성공한 남자의 무의식 속에서 모습을 드러내는 무시무시한 추녀는 그에게 전달하고자 하는 메시지를 갖고 있다. 파르지팔에게 아니마가 그렇게 추한 이미지로 나타난 이유는 그가 외부적인 성공에 집중하면서 내면의 성장에 소홀했기 때문이다.

남자가 부정적인 아니마로 인해 종종 불유쾌한 생각이나 환상에 걷잡을 수 없이 사로잡힌다면 그의 내면 깊은 곳에 뭔가 해결해야 하는 문제가 있는 것이다. 만일 남자가 자신의 내면을 들여다보고 정신적으로 보다 높은 가치를 추구한다면 아니마는 온전한 인격을 구현하는 길로 그를 안내하는 긍정적인 역할을 할 것이다. 따라서 정신적 발전을 도모하는 것은 남자 스스로 해야 하는 일이다. 그런 남자를 위해 아니마는 언제나 의식과 무의식의 경계를 넘나들며 그를 인도하는 다리 역할을 충실히 이행할 뿐이다.

융 자신도 주위에 언제나 그에게 도움을 주고자 하는 지성적인 여자들이 많았지만 결국은 내면의 아니마에게서 위안과 답을 찾았다. 그는 자서전 『기억, 꿈, 사상』에서 다음과 같이 회고하고 있다.

무의식의 이미지를 나의 의식에 전달해 주는 것이 바로 아니마다. 아니마가 하는 이런 역할이 내게는 중요했다. 십여 년 전부터 나는 기분이 언짢고 초조해질 때마다 아니마에게 도움을 청했다. 그러면 무의식 안에서 뭔가가 정리되는 느낌이 들었다. 그 순간 나는 아니마에게 물었다.

루브르 박물관에 소장된 석관에 조각된 뮤즈 여신들

그리스 신 제우스와 므네모시네 사이에서 태어난 아홉 명의 자매. 학예를 관장하는 여신들로, 뮤즈는 예술가들과 학자들에게 영감을 주는 정령을 의미한다. 우리 내면의 아니마와 긍정적인 관계를 맺을 때 세상에 대한 이해와 창조성이 풍부해질 수 있다.

"당신은 지금 무엇을 하고 있나요? 당신이 보고 있는 것을 나에게도 보여주겠소?"

그러면 잠시 후 아니마는 내게 어떤 이미지를 보여주었다. 그 이미지가 나타나면 불안감이나 우울감이 사라졌다. 내 감정의 에너지 전체가 그 이미지에 대한 관심과 호기심으로 전환되었다. 그러면 나는 그 이미지에 관해 아니마와 이야기를 나누기 시작했다.

융에게 아니마는 종종 그의 의지를 시험하고 유혹하는 성가신 존재인 동시에 관심을 기울이고 대화를 나누다보면 그의 정신세계에 질서를 회복하고 영감을 불러오는 존재이기도 했다.

여자의 이성적 사고를 유도하는 아니무스

마찬가지로 여자들이 개성화를 향해 가는 과정에는 아니무스의 긍정적 측면이 반드시 필요하다. 아니무스의 주요 기능은 여자를 그녀 자신의 영혼으로 안내하는 것이다. 그래서 여자의 꿈에서 긍정적 아니무스는 종종 성직자, 교사, 의사, 신, 또는 비범하고 창조적인 정신을 가진 선구자나 개척자의 모습으로 나타난다.

아니무스 역시 우리 내면에서 의식과 무의식을 연결하는 매개자로서의 본연의 역할에 충실할 때 긍정적인 측면을 나타낸다. 하지만 아니무스가 밖으로 향하면 앞에서 설명한 것처럼 부정적인 형태를 취하게 된다. 아니무스는 여자의 내면에서 영웅과도 같은 숭고한 모습을 하고 있지만 밖으로 드러날 때는 완고하고 냉정한 고집쟁이가 된다.

창조적인 아니무스는 여자를 위해 앞장서서 길을 개척한다. 여자에게 길을 안내하고 행동을 취하도록 독려한다. 여자가 해야 하는 것에 대해 먼저 시범을 보이는 것이다. 이것은 때로 여자의 꿈에서 어떤 남자가 여행을 떠나거나 위험을 극복하거나 시련을 견디는 모습으로 나타난다. 이런 꿈을 꾸는 여자는 얼마 후 스스로 현실에서 그와 유사한 경험을 하게 된다. 융은 아니무스가 여자의 환상 속에서 영웅의 역할을 하는 것 같다고 이야기한다.

"여자가 어떤 새로운 문제를 직시할 필요가 있을 때마다 아니무스가 환상이나 꿈으로 나타난다."

남자의 아니마가 종종 어떤 여자에게 투사되거나 강력한 성적인 환상으로 나타나는 것처럼, 여자의 아니무스 역시 환상이나 투사로 자신의 존재를 드러낸다. 미국의 융학파 분석학자인 에스더 하딩Esther Harding은 만일 여자가 이러한 이미지들이 갖고 있는 메시지를 이해하고자 노력하지 않는다면 아니무스가 환상 속 '유령 연인'이 되어 나타난다고 설명한다. 다시 말해, 아니무스가 여자의 무의식 속에서 유령 연인으로 출몰하며 낭만적 환상 속으로 그녀를 유혹해서 의식을 점점 더 비현실적으로 만드는 것이다. 완벽한 사랑의 환상에 빠진 여자는 정신적으로 성숙할 수 없기 때문에 현실의 남자와 인간적인 관계를 가질 수 없다.

하지만 이런 결과를 아니무스의 탓으로 돌릴 수는 없다. 아니무스는 단지 강력한 환상을 불러일으켜서 자신의 존재를 알리려고 하는 것일 뿐이다. 이러한 환상을 올바로 이해할 수 있도록 의식을 성숙시키는 것은 여자 스스로 해야 한다. 1장에서 소개한 제인의 이야기는 아니무스가 유령 연인으로 나타나 그녀의 삶을 혼란에 빠트려 어리석은 선택을 하게끔 만들 수 있다는 것을 보여준다.

아니무스의 긍정적인 측면은 여자로 하여금 개성화를 향해 가게 하는 정신적 원동력으로 작용하는 것이다.

다시 한 번, 에밀리 브론테의 소설『폭풍의 언덕』에 나오는 인물을 예로 들어서 여자의 내면에서 아니무스가 하는 기능에 대해 생각해 보자. 반은 인간이고 반은 악마처럼 묘사된 주인공 히스클리프는 자신의 반쪽이라고 여기는 캐시와 결합하는 것이 삶의 궁극적인 목표다. 하지만 캐시는 히스클리프를 마음

에밀리 브론테의 소설 『폭풍의 언덕』을 영화화한 1939년작 영화 포스터

주인공 히스클리프는 관습에 얽매여 나약하고 의존적인 삶을 사는 여자들을
독립적이고 성숙한 인격으로 발전하도록 밀어내는 아니무스를 상징하는 인물
이다.

속 깊이 사랑하면서도 신분 차이를 극복하지 못하고 자신의 진실한 감정을 외면한 채 귀족 가문의 에드거 린튼과 결혼한다. 히스클리프는 캐시의 배신에 충격을 받고 폭풍의 언덕을 떠난다. 그리고 몇 년 후 성공한 사업가가 되어 다시 돌아온 히스클리프는 복수심에 사로잡혀 주변 사람들을 불행으로 몰고 간다. 결국 캐시는 그의 집요하고 파괴적인 사랑을 견디지 못하고 병이 나서 죽음에 이른다. 이야기는 계속해서 캐시의 딸로 이어진다. 어머니와 같은 이름을 가진 딸 캐시는 점점 더 괴팍해지는 히스클리프에게 끊임없이 시달림을 당한다. 하지만 그녀는 히스클리프에게 학대를 받으며 무너져버리는 다른 사람들과는 달리, 강한 여인으로 성장한다. 마침내 그녀는 사랑하는 남자와 결혼하고 히스클리프는 그녀가 행복한 결혼생활을 하는 것을 지켜보며 점차 자기 자신 속으로 후퇴한다. 그는 결국 죽음으로 영혼의 연인 캐시와 결합한다. 그렇게 해서 마침내 영혼 세계와 현실 세계의 사랑이 각각 결실을 맺으면서 폭풍의 언덕에는 한 가문의 불행한 역사가 끝나고 새로운 희망의 역사가 시작된다.

이 소설을 분석한 바바라 한나는 히스클리프가 아니무스를 상징하는 인물로, 여자의 심리 속에서 아니무스가 하는 역할을 상징적으로 보여주고 있다고 분석한다. 사랑하는 여인에게서 버림 받고 복수심에 불타는 히스클리프는 겉으로는 사람들을 괴롭히는 무자비한 인물로 보이지만, 그는 맹목적인 악마가 아니다. 그는 여자들을 정신적 성숙으로 이끄는 아니무스의 화신이다. 악마처럼 행동하는 히스클리프는 여자의 개성화를 유도하는 역할을 한다. 그는 관습에 얽매여 나약하고 의존적인 삶을 사는 여자들이 독립적인 인격으로 발전하도록 끊임없이 밀어내는 아니무스를 상징하는 인물이다.

아니무스가 갖고 있는 긍정적인 기능은 여자에게 스스로 생각하고 판단하는 능력을 길러주는 것이다. 융은 '관계를 맺는 본능을 타고난 여성들이 발전시켜야 하는 것은 이성적이고 합리적으로 판단하는 분별력'이라고 했다. 그는 아니무스를 로고스(이성)에, 아니마를 에로스(사랑)에 비유했지만, 그렇다고 해서 아니무스는 여자가 하는 생각이고 아니마는 남자가 느끼는 감정이라는 의미는 아니다. 사랑을 하는 것이 아니마가 아닌 남자 스스로 하는 것처럼, 실제로 생각을 하는 것은 아니무스가 아니라 여자 스스로 하는 것이다. 사실 융은 아니무스를 로고스에, 아니마를 에로스에 직접적으로 연결한 것은 아니다. 단지 두 심혼이 하는 역할에 대해 개념적 근사치를 제공한 것임을 다음과 같은 말에서 확인할 수 있다.

아니마가 모성적인 에로스에 해당하는 것처럼 아니무스는 부성적인 로고스에 해당한다. 하지만 나는 이 두 직관적 개념을 구체적으로 정의하고자 의도하는 것이 아니다. 단지 여성의 의식은 로고스와 관련된 분별력보다는 에로스가 갖고 있는 관계 맺기 특성이 좀 더 강하다는 것을 설명하기 위해서다. 남자들은 보통 관계 맺기 기능인 에로스가 로고스보다 덜 발달된다. 반면, 여자들에게는 에로스가 대표적인 여성성이다.

아니무스는 여자의 내면세계에 분별력과 이해력의 횃불을 비추어 그녀의 영혼으로 안내하는 역할을 한다. 또한 객관적인 지능과 정신의 세계로 연결하는 다리 역할을 하면서 분산된 의식에 집중력을 높이고 앞으로 나아가게 하는 추진력을 부여한다. 융학파 분석학자인 이렌느 드 카스티예호Irene de Castillejo는 『여성에 대한 이해Knowing Woman』에서 이와 같은 아니무스의 기능을 '횃불을 든 사람'의 이미지에 비유해서 설명했다. 그녀는 아니무스가 여자를 위해 사물에 빛을 비추어서 객관적이고 순수한 지식의 세계에 초점을 맞추고 사물을 좀 더 분명히 볼 수 있도록 한다고 말한다.

여자가 뭔가를 아주 분명하게 알고 확실한 입장을 취할 수 있으려면 다시 말해, '이것이 내가 아는 진실이다. 내 생각은 바로 이렇다.'라고 말할 수 있기 위해서는 아니무스의 도움을 받아야 한다.

나는 개인적으로 나에게 도움을 주는 아니무스를 횃불을 든 사람이라고 생각하기를 좋아한다. 횃불을 높이 들고 있는 남자가 내가 가는 길에 빛을 비추어 어두운 구석까지 빛을 던지는 상상을 한다. 그 빛은 여자인 내가 아주 편안하게 느끼는, 흐릿하고 불가사의한 세계를 채우고 있는 안개 속으로 파고든다. 어두운 그림자 속에 우주의 진실을 담고 있는 여자의 내면세계로 한 줄기 빛을 비추어 사물을 분명히 볼 수 있도록 하는 것이다. 그러면 비로소 여자는 '아 그래, 이것이 바로 내가 하고 싶은 이야기야.' 또는 '아니야. 내가 아는 것은 절대 이게 아니야.' 라고 말할 수 있게 된다.

여자는 이러한 횃불의 도움을 받아서 사고에 분명한 틀을 갖출 수 있다. 의식의 표면 아래에서 맴도는 혼란스러운 단어들 중에서 원하는 단어를 선택하고 빛을 무지개 색들로 구분해서 선택할 수 있으며 전체를 이루고 있는 부분들을 보고 이것과 저것을 구별할 수 있게 한다. 한마디로 아니무스는 여자의 시각에 분명한 초점을 맞추는 기능을 한다.

아니무스는 본질적으로 여자의 영혼과는 다르다고 카스티예호는 강조한다. 여자의 영혼은 그 자신과 마찬가지로 여성적이며, 에너지와 사랑과 생명력의 원천이다. 따라서 여자가 영혼을 발견하는 것은 가장 깊은 내면에 있는 자신의 참된 본성을 발견하는 것이다. 카스티예호는 계속해서 설명하기를, 여자는 자신의 영혼과 연결되기 시작할 때 먼저 아니무스를 만나게 된다고 한다.

여자가 자신의 내면으로 들어갈 때 처음에 만나는 것이 아니무스이므로 아니무스가 마치 자신이 찾고 있는 영혼의 이미지처럼 보일 수 있다. 하지만 아니무스를 따라 어둠과 미지의 내면 속으로 깊이 들어가다 보면 아니무스가 그녀의 영혼이 아니며 단지 영혼을 향해 안내하는 역할을 하고 있음을 알게 될 것이다.

남자는 객관적 지식과 냉정한 목표의 세계를 자연스럽게 받아들이는 반면, 여자는 그러한 세계 속으로 들어가는 법을 배워야 하는데 그 과정이 낯설게 느껴질 수 있다. 또한 아니무스는 빛을 비출 때 아무 데로나 비출 수 있기 때문에 여자는 아니무스의 기능을 지혜롭게 사용할 줄 알아야 한다고 카스티예호는 당부한다.

아니무스를 창조적으로 이용하는 것은 여자 스스로 해야 한다. 아니무스는 어디로든지 빛을 비추어야 하고 그래서 아무 데로나 비출 수 있기 때문이다. 아니무스는 특별히 관련성이 없는 이런저런 정형화된 공식이나 슬로건 위로 빛을 비추면서 관심을 끌지도 모른다. 그러면 여자는 스스로 느끼고 생각하는 능력을 포기하고 사회의 일반적인 통념을 그대로 받아들이는 함정에 빠질 수 있다.

인간의 정신적인 활동과 관련된 모든 일의 열쇠는 관계 맺기에 있다. 아니무스와 올바른 관계를 맺으면 긍정적인 도움을 받을 수 있지만 그러지 못하면 부정적인 영향을 받는다. 아니무스와 긍정적인 관계를 맺기 위해서는 그 실체를 인정하고 우리내면의 동반자로 삼아 계속 소통을 유지해야 한다.

아니무스가 여자의 내면에서 제자리를 지키고 긍정적인 영향을 줄 수 있도록 하기 위해서는 그녀의 삶에서 아니무스를 위한 자리를 마련해야 한다. 다시 말해 세상의 객관적인 측면에 관심을 갖고 지적이고 정신적인 성숙을 게을리 하지 말아야 한다. 그러지 못하면 아니무스가 언제 밖으로 나와 심술궂은 악마의 모습을 드러낼지 모른다.

따라서 여자들은 가족, 남편, 연인과의 개인적인 관계에만 갇혀 있을 것이 아니라 독립적인 정신 세계를 발견할 필요가 있다. 다만, 자칫 잘못하면 아니무스와 지나치게 동화되어 여성성이 지닌 가치에서 멀어질 위험이 있다. 여성성을 소중히 지키는 한편 객관적이고 냉철한 판단력과 사고력을 독려하는 아니무스의 도움을 받을 때 남자들과 어깨를 나란히 하고 사회적이나 학문적인 성취를 추구할 수 있다.

남자가 아니마와 대화하듯이, 여자 역시 자신의 여성성을 지키면서 남성의 분별력을 가진 아니무스의 도움을 받기 위해 내면의 대화를 시도해볼 수 있다. 여자의 경우 아니무스는 종종 처음에 내면에서 들려오는 '목소리' 즉, 어떤 생각이나 관념이 의식 속으로 들어오는 것으로 인식이 된다. 그러한 자동적인 생각과 관념의 흐름을 인격화해서 대화를 시작하면 된다. 카스티예호는 아니무스와 대화할 때 여자 자신이 느끼는 감정을 이야기하면 좀 더 수월하게 도움을 받을 수 있다고 조언한다. 아니무스는 이런저런 의견과 생각과 계획을 제시할 준비가 되어 있으며, 때론 막무가내로 뭔가를 주장할 것이다. 여자는 이런 아니무스에게 단호하고 조심스럽게 자신이 어떤 감정을 느끼는지, 정신적으로 필요로 하는 것이 무엇인지를 설명해야 한다.

아니무스와 대화를 할 때는 주어진 문제에 대해 자신이 어떻게 느끼는지를 분명히 이야기할 수 있어야만 긍정적인 도움을 받을 수 있다. 여자가 어떤 감정을 느끼는지 알 수 있는 자료가 없다면 아니무스는 단지 상식적이고 일반적인 사실들만 열거해서 보여줄 것이다.

아니무스는 여자의 내면에서 빛을 비추고 분별력과 지혜를 갖게 하는 훌륭한 동반자이지만 외부 상황에 직접 관여하게 되면 여자를 혼란에 빠트릴 수 있다. 따라서, 남자의 아니마와 마찬가지로, 아니무스 역시 관계 맺기를 통해 여자의 내면에서 긍정적인 역할과 기능을 유지할 수 있도록 해야 한다. 다시 말하지만, 아니마와 아니무스는 우리가 그들의 존재를 인식해서 올바른 관계를 맺지 않는다면 언제라도 우리를 사로잡고 혼란에 빠트릴 수 있다.

4장

자기실현을 향한
원초적 충동

사랑이란,
내가 원하는 모습으로
당신이 변화되기를 바라는 것이 아니라
당신을 당신 자신으로,
당신의 본질로,
당신의 고유한 특성으로,
당신 본래의 아름다움으로,
당신 스스로 되돌아가도록
이끌어주고자 소망하는 것이다.

레오 버스칼리아

성적 환상 뒤에 숨은 의미

우리가 성(性)이라고 부르는 불가사의한 생명력은 우리 내면에서 활동하는 보이지 않는 동반자로 인해 더욱 복잡하고 풍요로워진다. 이제 우리는 아니마와 아니무스가 종종 처음 만나는 이성을 향해 투사되면서 성적 정서와 환상을 불러일으킨다는 사실을 알았다. 아니마와 아니무스라는 무의식의 심혼은 우리를 감정적으로 사로잡는 신비로운 초자연적 에너지를 가득 담고 있으며, 그 에너지는 보통 가장 먼저 성적 차원에서 영향을 준다. 남자의 내면에서 아니마가 그의 관심을 끄는 가장 확실한 방법은 강력한 성적 환상을 불어넣는 것이다. 여자가 남자에 대한 성적 환상을 갖는 것 역시 그 배경에 아니무스가 있다.

우리는 이제 아니마와 아니무스의 투사로 인해 첫눈에 사랑에 빠질 수 있다는 것을 알고 있다. 이러한 현상은 종종 결혼과 같은 장기적인 관계를 흔드는 원인이 되기도 한다. 왜냐하면 결혼이라는 현실 속에서 상대방에 대해 속속들이 알게 되면 더 이상 아니마나 아니무스가 투사되지 않기 때문이다. 결국 처음에 신비감, 모험심과 호기심으로 시작한 사랑은 시간이 흐를수록 시들해지고, 성적 욕망과 환상은 다른 사람에게로 옮겨간다.

새로운 이성과의 성적 환상을 꿈꾸게 되면 지금의 배우자를 더 이상 사랑하지 않는다고 생각할 수 있다. 더 나아가서 엄격한 종교적 전통 속에서 자란 사람이라면 두려움과 죄의식을 느낄 것이다. 도덕심이 부족한 사람이라면 배우자와의 관계를 돌아보고 결혼을 유지하려 노력하기보다 새로운 이성을 성적으로 소유하고 싶은 욕망에 휩싸일 것이다.

이처럼 배우자가 아닌 다른 사람과 관계를 갖는 환상을 어떻게 이해해야 할까? 분명, 환상이 함축하는 의미를 깊이 생각해 보지 않고 무작정 그 속으로 끌려들어 간다면 파괴적인 결과를 가져올 것이다. 반대로 성적 환상에 대해 죄책감을 느끼고 거부하는 것 역시 바람직하지 않다. 그러한 환상은 우리 자신의 내면을 들여다보게 만드는 중요한 정신적 에너지를 내포하고 있기 때문이다.

우리는 성적 환상을 외설스러운 것으로 생각해서 즉각 거부하기보다는 그 의미를 이해할 필요가 있다. 환상을 갖는 것 자체는 잘못이 아니다. 환상은 그 나름의 이유를 갖고 불청객처럼 불쑥 우리 마음에 찾아오는 것이다. 하지만 환상에 대처하는 방법을 잘못 선택하면 도덕적으로나 현실적으로 문제가 생길 수 있다.

배우자가 아닌 다른 사람과 성관계를 갖는 환상이 떠오른다면, 거기에는 여러 가지 메시지가 있을 수 있다. 그런 일이 일어날 때는 무엇보다 먼저 현재 배우자와의 관계에서 자신이 어떤 역할을 하고 있는지에 대해 생각해 봐야 한다. 예를 들어, 사랑에 수동적인 남자들은 몸은 성인이 되었지만 감정과 관계의 측면에서 미성숙한 어른아이인 채로 남아 아내를 연인이 아닌 어머니처럼 여기는 경향이 있다. 이런 남자의 마음속에서는 아니마가 온갖 종류의 환상을 불러와서 동요를 일으킨다. 이것은 그의 아니마가 그에게 개인적으로 관계를 맺고 사랑하는 능력이 부족하다고 불만을 표시하는 방법일지 모른다.

또는, 배우자와 사랑이 없는 관계를 유지하고 있다는 사실을 애써 부정하고 자신을 속이고 있다면, 아니마나 아니무스가 배우자가 아닌 다른 사람에 대한 환상을 불러일으켜서 결혼 관계를 좀 더 솔직하게 들여다볼 수 있는 기회를 줄 수 있다. 외도 사실이 드러나서 찾아오는 부부들을 상담해 보면 종종 그들이 결혼생활에서 느끼는 만족이나 불만에 대해 이야기해 본 적이 없다는 것을 알게 된다.

언젠가 한 남자가 오랫동안 발기부전으로 고민을 하다가 그 원인을 찾기 위해 심리치료를 받으러 왔다. 그는 또한 아내가 아닌 다른 여자와의 성적 환상을 떠올리는 것에 대해 죄책감을 느끼고 있었다. 몇 차례에 걸쳐 심리분석을 받은 후에 그는 자신이 아내에게 느끼는 불만이 쌓여서 이제는 돌이킬 수 없을 정도가 되었다는 것을 깨달았다. 그것은 그가 아내를 사랑하거나 사랑하지 않는 것보다 더 심각한 문제였다. 그는 자신이 아내와 함께 지내기를 원하지 않는다는 것을 확인하고 처음으로 그 사실을 인정할 수 있었다. 그 후 그는 다른 여자를 만났는데 그녀와의 성관계에서 발기부전이 사라졌다고 했다. 그의 페니스는 마치 거짓말을 못하겠다는 것처럼, 그동안 그가 자신의 아내를 원하지 않았다는 사실을 분명하게 알려주었다. 물론 그 남자는 아내와 이혼하는 과정에서 여러 가지 난관에 부딪치고 죄의식을 감당해야 했다. 사랑이란 시작할 때는 더없이 행복하지만 끝낼 때는 고통스러운 법이다. 게다가 사회가 요구하는 규칙에서 벗어난 관계를 가졌다면 그 대가를 치러야 한다.

우리 내면의 아니마나 아니무스가 누군가에게 자신을 투사하는 것은, 앞에서 말한 것처럼, 우리의 관심을 얻으려는 것일 수 있다. 투사가 일어나지 않는다면 우리가 아니마와 아니무스의 존재를 의식할 수 없기 때문이다. 또한 앞서도 말했듯이, 투사는 우리 마음대로 할 수 있는 것이 아니기 때문에 완전히 거두어들이지 못한다. 투사를 '거두어들이라'고 말하는 진짜 의미는 투사를 하지 말라는 것이 아니라, 우리 자신의 무의식 내용이 투사되고 있다는 사실을 인식하라는 것이다. 그러한 인식을 통해 우리 내면의 심혼인 아니마와 아니무스를 만날 수 있고 무의식을 의식으로 끌어올림으로써 자기自己를 찾아가는 개성화의 여정을 시작할 수 있다.

결혼을 '구원'이 아닌 '행복'의 관점에서 바라보는 사람들은 외도의 유혹에 빠지기 쉽다. 결혼을 행복의 관점에서 인식한다는 의미는 결혼을 하면 언제까지나 평화롭고 안락한 삶을 살 수 있을 것이라고 기대하는 것이다. 하지만 결혼은 두 사람이 가정을 이루고 현실적인 어려움을 함께 극복해 가는 과정이다. 그런데 결혼의 가치를 행복에 두기 때문에 시련이 닥쳤을 때 헤쳐 나갈 용기를 내기보다 좌절감을 느끼고 포기하게 되는 것이다.

반면, 구원이라는 관점에서 결혼을 인식한다는 의미는 결혼을 개성화, 즉 자기실현을 향해 가는 길이라고 생각하는 것이다. 결혼 관계는 실제로 우리 인격이 성숙하고 발전하도록 도와주는 훌륭한 무대를 제공한다. 결혼을 해서 살다 보면 배우자와의 친밀한 관계를 통해 우리 자신에 대해 모르고 있던 그림자 인격을 알게 되는 기회가 주어진다. 무의식 속에 숨은 우리 자신의 그림자 인격과 화해할 수 있다면 진정으로 타인을 이해하고 사랑하는 포용력이 생긴다. 결혼이 가져다주는 여러 가지 축복 외에도, 이와 같은 개인적인 구원, 개성화의 기회에 가치를 둔다면 두 사람의 관계는 더욱 견고해질 수 있을 것이다.

아니마의 두 얼굴

남자의 아니마는 종종 두 가지 이미지로 투사된다. 첫 번째 이미지는 아내, 가족, 가정으로 남자를 끌어당긴다. 두 번째 이미지는 가정이라는 테두리 밖에서 일어나는 정서적인 경험의 세계 속으로 남자를 끌어낸다. 많은 남자들이 결혼을 하면 처음에는 가정에서 행복과 만족을 찾다가 시간이 흐르면서 아니마의 두 번째 이미지에 흔들린다. 아니마가 남자를 자극해서 보다 풍부한 삶의 경험과 더 넓은 세상 속으로 불러내는 것이다. 다시 말해, 남자의 생명력에 불을 지피고 그의 인격을 다채롭게 한다. 그로 인해 남자는 가정에 안주하는 것으로 만족하지 못한다.

이처럼 아니마가 남자를 혼란스럽게 할 때 어떤 행동을 취해야 하는지 일반적으로 적용할 수 있는 원칙은 없다. 일부 종교에서 성생활에 대한 규칙을 제시할 수 있을지도 모르지만, 심리학이 하는 일은 아니다. 남녀의 애정 문제는 단지 개인적으로 해결할 수 있을 뿐이기 때문이다. 따라서 우리 각자가 이중적인 아니마로 인해 빚어지는 갈등의 미궁에서 벗어나는 방법을 찾아야 한다.

특히 사랑과 관계의 문제에서 경험이 부족한 남자는 자신의 감정 세계를 확인하고 여성성이 가진 의미를 이해하기 위해 여러 여자들을 만나볼 필요가 있을지 모른다. 하지만 결혼한 남자가 배우자가 아닌 다른 여자에게 끌린다면 우선 배우자와의 관계를 돌아보아야 한다. 아내 몰래 외도를 하면서 결혼 생활을 유지하는 남자들은 종종 아내에게 상처를 주고 싶지 않다고 자신의 행동을 합리화한다. 하지만 사실 그들은 아내에게 자신의 잘못을 인정하고 설명해야 하는 감정적인 어려움을 피하고 싶어하는 것이다. 물론 아내는 남편이 다른 여자에게 사랑을 나누어주고 있다는 사실을 알면 상처를 받고 화를 낼 것이다.

남자가 자주 외도를 하거나 지속적으로 만나는 여자가 있다면 아무리 조심을 해도 아내는 알게 모르게 그 영향을 받는다. 결혼 생활에 위기가 왔다고 생각해서 상담을 받으러 오는 여자들 중에는 종종 정확히 어떤 문제가 있는지 꼭 집어서 이야기하지 못하는 경우가 있다. 남편이 다른 여자를 만나는 꿈을 꾸기도 하는데 왜 그런 꿈을 꾸는지 모르겠다고도 한다. 그녀의 무의식이 남편의 외도를 감지해서 알려주는 것이지만 의식이 그 신호를 무시하고 있는 것이다. 결국 남편이 솔직하게 고백을 하거나 외도를 하고 있다는 분명한 증거가 드러나면 그제

서야 아내는 왜 그동안 부부 사이가 그렇게 소원했는지, 남편이 왜 이해할 수 없는 행동을 하고 비밀로 감추는 것이 왜 그리 많았는지, 그들의 대화가 왜 그렇게 공허했는지, 이유를 알게 된다. 그리고 남편의 관심을 받으려고 했던 모든 노력이 부질없었다는 것을 뒤늦게 깨닫는다.

이처럼 비밀로 하는 혼외정사는 배우자를 혼란에 빠트리고, 사실이 드러난 후에는 영원히 씻을 수 없는 배신감과 모욕감을 안겨준다. 배우자는 깊은 상처를 받고, 부부 간의 신뢰는 다시 회복할 수 없는 지경에 이른다.

사실 외도를 하는 쪽에서도 피해를 입는다. 배우자 몰래 외도를 하기 위해서는 엄청난 에너지를 소비해야 한다. 마치 코르크를 물속에서 누르고 있는 것처럼 언제 비밀이 수면 위로 떠오를지 몰라서 잠시도 긴장을 늦출 수 없기 때문이다. 무엇보다 다른 사람을 힘들게 만들면서까지 욕구를 충족시키려고 하면 결국 그 자신도 행복해질 수 없다. 그 과정에서 영혼이 손상되기 때문이다. 형이상학적으로 말하자면 소위 '업보'가 쌓이는 것이다.

그렇다면 이 모든 분란의 배경에 있는 아니마는 어떤 인격을 갖고 있을까? 무엇 때문에 다른 여자에게 자신의 이미지를 투사해서 남자를 환상에 빠트리고 갈망과 욕구불만을 불러일으키는 것일까? 아니마는 종종 남자가 어떤 곤경에 빠지든 상관

152

하지 않는 듯하다. 사랑의 여신 아프로디테처럼, 아니마는 남녀가 만나서 사랑하는 문제에만 관심을 둘 뿐 행복에는 관심이 없다. 인간관계를 유지하기 위해서는 성실하고 공정한 게임을 해야 하지만, 아니마는 삶에 활력을 불러올 수만 있다면 그런 문제는 아랑곳하지 않는다.

하지만 한 여자에게 충실하지 못한 남자는 결국 '여성적 정의正義'라고 불리는 방식으로 대가를 치르게 된다. 마리 루이제 폰 프란츠는 우리 사회가 남성적 정의에 의해 통제가 되고 있다면 그와는 별개로 여성적 정의가 작용하고 있다고 말한다. 남성적 정의는 냉정하고 객관적이다. 다시 말해, 개인적인 사정을 고려하지 않고 사회에서 판단하는 공정성을 기초로 만든 법 체계에 의해 정해진 벌을 내리는 것이 남성적 정의다. 반면 여성적 정의는 개인적이며 자연적인 인과응보에 가깝다. 여성적 정의가 어떤 방식으로 실현되는지 예를 들어보자.

어느 날 신문에 최신형 포르셰 자동차를 75달러라는 터무니없이 싼 가격에 팔겠다는 광고가 실렸다. 한 남자가 그 광고를 보고 자동차 주인을 찾아갔다. 그는 자동차가 거의 새것이나 다름없는 것을 확인하고 말했다.

"수표로 지불해도 되겠습니까?"

그러자 광고를 낸 자동차 주인이라는 여자가 말했다.

"아무래도 상관없으니 차를 어서 가져가세요."

그 남자는 그녀에게 수표를 건네주고 신이 나서 포르셰를 타고 나왔지만 가는 도중에 양심의 가책을 느꼈다. 그는 그 여자에게 다시 돌아가서 말했다.

"부인, 이 차가 실제로 얼마짜리인지 아십니까?"

"아, 그럼요. 잘 알고 있어요."

"그런데 왜 겨우 75달러를 받고 파시는 겁니까?"

"굳이 알고 싶으시다면 말씀드리죠. 그 차는 제 남편 거예요. 남편은 해외로 출장을 갔는데 급하게 돈이 필요하다며 그 포르셰를 팔아서 돈을 보내달라고 하더군요. 그런데 사실은 남편은 다른 여자와 유럽 여행을 하고 있다는 걸 알았어요."

여성적 정의는 이런 식이다. 아내 몰래 바람을 피우는 남편은 여성적 정의에 의해 형벌을 받는다. 아마 위의 이야기에 나오는 남편은 그 이후에도 값비싼 대가를 치러야 했을 것이다.

여성적 정의는 인간관계뿐 아니라 무의식이나 자연과의 관계에서도 적용된다. 자연의 순리와 섭리를 거스르고 소홀히 하면 그에 따른 응분의 대가를 치르게 된다. 우리 몸을 학대하면 병이 들고, 공기와 땅과 바다를 오염시키면 그 피해가 고스란히 우리 자신에게 돌아온다. 마찬가지로 우리가 내면세계를 돌아보지 않는다면 무의식의 힘들이 우리에게 대가를 요구하며 문제를 일으키기 마련이다.

아니무스의 두 얼굴

아니마와 마찬가지로 여자의 아니무스 역시 두 가지 이미지로 투사될 수 있다. 여자가 두 남자에게 동시에 끌린다면 각각의 남자에게서 자신의 아니무스 이미지가 갖고 있는 서로 다른 속성들을 보고 있기 때문이다. 여자는 두 남자 사이에서 갈등하게 되고 자신의 아니무스가 투사되고 있다는 사실을 알기 전에는 어쩔 수 없이 두 남자와 심리적으로 연결되어 있다. 이런 상황에서는 어느 한 남자를 택하는 것이 마치 자신의 왼쪽 팔이나 오른쪽 팔을 포기하는 것처럼 느껴질 것이다. 여자가 아니무스의 투사를 인식하고 환상에서 벗어나 두 남자를 있는 그대로 볼 수 있을 때 비로소 한 남자를 선택해서 진정한 사랑을 시작할 수 있다.

젊은 여자가 여러 남자들과의 관계를 통해 자신의 인격을 경험하는 것은 자연스러운 일이다. 어느 부모는 딸이 지나치게 자주 애인을 바꾸는 것을 걱정해서 나에게 상담을 받아보라고 보냈다. 그녀는 실제로 내가 어리둥절할 정도로 다양한 남자들을 만난 경험을 갖고 있었다. 학생, 선원, 중년 남자, 젊은 남자, 백인, 흑인 등 그녀에게는 남자를 만나는 어떤 이유나 기준이 없는 듯했다. 마치 새로운 남자를 만날 때마다 그녀에게서 다른 인격이 나타나는 듯했다. 하지만 결국 그녀는 한 남자를 선택해서 결혼을 했고 가정에 충실한 아내가 되었다. 그녀에게는 여러 남자를 거치면서 자아를 찾아가는 단계가 필요했던 것이다. 이런 여자가 만일 젊은 시절에 낭만적인 사랑을 해보지 못한 채 정략적인 결혼을 한다면 뒤늦게 현실로 이루지 못한 환상을 좇아갈지도 모른다.

많은 사람들이 일부일처제가 남자보다는 여자에게 더 적절한 제도라고 생각한다. 여자는 일반적으로 남자보다 좀 더 개인적인 관계를 맺는 것이 사실이다. 특히 가정을 꾸리는 일에서 보람을 느끼는 여자들은 일부일처제의 성향이 우세하다고 볼 수 있다. 여자들은 일단 한 남자의 배우자가 되면 감정적으로 다른 남자들을 제외시키는 경향이 있다. 마치 난자가 하나의 정자를 받아들이면 다른 정자들을 차단하는 것처럼 말이다. 물론 이것은 일반화해서 하는 이야기다. 요즘 여자들은 일부일처제 성향이 이전처럼 확고하지 않다. 양다리를 걸치는 것은 남자들에게만 있는 일이 아니다.

남자들은 여자들보다 일부다처제 성향이 좀 더 강하지만 사회가 요구하는 일부일처제를 따르기 위해 그러한 성향을 억누르고 있다고들 말한다. 하지만 이것도 지나친 일반화이며 많은 남자들이 한 여자에게 충실한 삶을 산다. 여자보다 더 개인적 관계를 맺고 다른 여자와 관계를 갖는 환상에 대해 강한 거부 반응을 보이는 남자들도 있다.

의식을 일깨우는 성적 환상

지금까지 이야기한 바에 의하면, 성적 환상은 우리 내면에서 일어나는 심리 작용과 긴밀하게 연결되어 있는 것이 분명하다. 이제 그러한 환상이 갖는 상징적 의미에 대해 이야기할 차례가 되었다.

성욕은 육체적 긴장을 해소하고 신체 접촉을 통해 친밀함을 표현하고자 하는 욕망으로 나타나지만 그보다 더 깊은 무의식 속에 잠재된 정신적 심리적 욕구에서 비롯되는 것이다. 예를 들어, 남자의 성적 환상 속에 나타나는 여자의 이미지는 그의 잃어버린 반쪽, 그가 완전해지기 위해 받아들여야 하는 인격의 또 다른 측면을 보여준다.

따라서 성적 환상이 일어날 때는 그 배경에 의식과 연결되고자 하는 무의식이 있다는 사실을 기억해야 한다. 무의식은 온전한 개성을 이루고자 하는 갈망을 열정적인 에로스로 표현한다. 우리 내면의 인격들은 서로 너무 멀리 떨어져 있어서 에로스의 강력한 힘만이 그 모두를 하나로 합칠 수 있기 때문이다. 성적 환상은 우리의 자아의식에게 온전한 인격을 이루기 위해 무엇을 필요로 하는지를 상징적으로 보여준다고 말할 수 있다. 성적 환상의 의미를 이해하는 것은 그러한 환상에 휘말리거나 집착하는 상태에서 자유로워지고 의식의 범위를 확대할 수 있는 기회를 제공한다.

　성적 환상은 어떤 여자나 어떤 남자를 막연하게 갈망하는 것이 아니라 구체적인 방식으로 표현된다. 낭만적인 사랑을 상상할 수도 있고 불륜이나 강간 장면을 상상할 수도 있다. 성적 환상이 이처럼 다양한 형태를 띠는 것은 자연스러운 일이다. 환상의 내용이 지나치게 특이해지면 '도착적'이라고 할 수 있지만, 그런 환상이라고 해도 억누르고 지나치기보다 왜 그런 성적 환상을 갖는지, 어떤 상징적 의미가 있는지 이해할 필요가 있다.

　융학파 분석가인 에드워드 C. 위트몬Edward C. whitmont은 『상징적 탐색The Symbolic Quest』에서 성적 환상이 우리가 보다 온전해지기 위해 겪어야 하는 변화를 상징적으로 보여준다는 것을 한 남자의 특이한 사례를 들어 설명한다.

　위트몬의 환자 중에는 여자와 성관계를 갖기 전에 먼저 여자의 발에 키스를 해야만 하는 기벽을 가진 남자가 있었다. 그는 자신의 특이한 성적 환상에 수치심을 느꼈고 성도착증이 아닌지 걱정했다. 대학교수인 그는 자신의 학문적인 성취에 대해 자부심을 갖고 있었고 사람들과 지적 유희를 펼치며 경쟁하는 것을 좋아했다. 심리분석 결과 그는 남자가 여자보다 지적 능력이 뛰어나다는 남성우월주의에 빠져 있는 것이 드러났다. 이런 남자들은 자신의 내면에 있는 여성성을 무시하고 오만한 남성성을 발전시킨다. 그런 그가 여자와 성관계를 하기 전에 머리를 숙여 발에 키스를 하는 행동은 오만한 남성성을 포기하고 여성성을 존중하는 상징적인 의미를 지닌다. 그의 무의식이 그에게 보다 온전한 인격을 갖추기 위해 정서적인 성숙이 필요하다고 말하고 있었던 것이다.

그 남자가 자신의 성적 환상의 의미를 이해하지 못했다면 계속 그러한 환상에 사로잡혀서 같은 행동을 반복했을 것이다. 하지만 그 환상이 무엇을 의미하는지 그리고 왜 그런 환상을 갖게 되었는지 이해하자 의식의 변화가 일어나면서 편집증적인 기벽에서 자유로워졌을 뿐 아니라 여자들을 인정하고 존중할 수 있게 되었다. 결국, 성적 환상이 그의 의식 부적응을 치료했다고 말할 수 있다. 그의 성적 환상은 병적인 것이라기보다 그의 편협하고 불균형한 의식을 교정하라고 일깨우는 무의식의 요구였다.

융학파 분석가인 아돌프 구겐빌 크레이그Adolf Guggenbuhl Craig 는 『결혼Marriage』에서 성적 판타지는 개성화를 향해 가는 상징적 의미가 있다고 말한다.

다양한 성적 환상은 개성화 과정의 일부로 이해할 수 있다. 개성화에 대한 욕망이 성적 상징으로 표현되는 이유는 그 힘이 매우 강력해서 생리적인 측면에까지 영향을 미치기 때문이다.

'스핑크스의 수수께끼에 답하는 오이디푸스'. 장 오귀스트 앵그르 1808년 작

오이디푸스는 스핑크스가 묻는 질문의 답을 맞추고 테베의 왕이 되지만 그의 앞길에는 엄청난 비극이 기다리고 있다. 그림에는 오이디푸스가 냉철한 지성을 뽐내고 있는 모습이 표현되어 있다. 남자가 지적 유희에 빠지는 것은 부정적인 아니마가 작용하는 경우가 많다.

아돌프는 또 다른 사례를 들려준다. 그의 환자 중에 여자의 속옷을 훔치는 기이한 도벽 때문에 경찰에 체포되었다가 풀려난 청년이 있었다. 그 청년은 괴테의 희곡『파우스트』를 들고 와서 자신도 모르게 강박적인 행동을 하는 이유가 무엇인지 그 책에서 답을 찾았다고 말했다.

파우스트는 악마 메피스토텔레스에게 세상에서 가장 아름다운 여인 헬레네를 만나게 해달라고 요구한다. 그리고 그녀를 만나 결혼을 하지만 둘 사이에서 태어난 아이가 죽자 헬레네는 다시 저승으로 돌아간다. 그 청년은 파우스트가 헬레네를 잡으려 했으나 그의 손에 외투와 면사포만 남아 있는 장면을 묘사하는 부분을 소리내어 읽어내려갔다. 그러더니 그는 자신이 이상적인 여성의 이미지에 대한 환상에 사로잡혀 있었다는 사실을 깨달았다고 말했다. 그가 욕망하는 대상은 현실의 여자가 아니라 숭고하고 신비로운 여신이었으며, 그가 집착하는 여자의 옷은 그러한 이미지를 상징하는 것 같다고 스스로 결론을 내렸다. 그는 파우스트처럼 어디선가 이상적인 여인상을 얼핏 보았지만 그의 손에는 여자의 옷이라는 '상징'만이 들려 있었던 것이다.

중년의 남자들은 종종 젊은 여성을 만나 성적 관계를 갖는 환상을 꿈꾼다. 그 환상의 의미는 어떤 면에서 분명해 보인다. 젊은 여자들이 외모 면에서 매력적이고 유혹적으로 보이는 것은 당연하기 때문이다. 하지만 좀 더 깊이 들어가 보면 그러한 환상 뒤에 나이 드는 것에 대한 두려움, 세월의 흐름을 늦추고 싶어 하는 욕망, 의식의 새로운 전환과 영원한 삶에 대한 갈망이 있다. 물론 이러한 정신적 욕구는 성적 관계를 통해 채울 수 없다. 우리가 그동안 돌보지 않았던 무의식과의 접촉을 통해 개성화를 향해 갈 때 비로소 해결될 수 있다.

성적 환상은 특정 인물에 대한 개인적인 감정과는 무관하게 일어난다. 현실과는 상관없이 우리 자신의 무의식 속에서 일어나는 현상이기 때문이다. 특히 남자들은 여자들보다 성욕을 개인적인 감정과 분리시키는 경향이 강하다.

아돌프는 더 나아가서 '정상'에서 벗어난 것 같은 성적 환상도 병적인 것으로 여기지 말아야 한다고 주장한다. 사람들이 꿈꾸는 성적 환상은 대부분 그들의 실제 성생활보다 방종하고 기괴한 형태로 나타난다. 일부 심리치료사들은 이러한 환상을 섣불리 병적인 것으로 단정하기도 한다. 이를테면, 어떤 사람이 특별히 활발하고 특이한 성적 환상을 꿈꾸는 것에 대해 '이 사람은 정상적인 남녀 관계를 가질 수 없다. 그는 비인간적인 성적 본능에 휘말려 있다'는 식의 결론을 내린다. 심리치료사가 이런 식으로 성적 환상에 대해 비난조로 말하면 내담자는 죄책감과 고립감을 느끼고 열린 마음으로 자신의 심리를 탐색할 수 있는 능력을 잃어버린다. 심리치료사들이 성적 환상에 대해 갖는 부정적인 태도는 적어도 프로이트가 '정상'에서 벗어난 모든 성적 욕망을 이상 증상으로 간주한 데서 비롯된 면이 없지 않다. 요즘 심리치료사들은 다양한 성적 환상을 자연스러운 것으로 여기고 죄의식을 줄여주기 위해 노력하지만 아직은 그 상징적 의미에 대한 이해가 부족한 면이 있다.

물론 어떤 성적 환상은 현실에서 구체적인 행동으로 옮기면 문제가 생길 수 있다. 하지만 성적 환상에 의해 일어나는 에너지를 어떻게 해결해야 하는지는 심리학이 아닌 도덕적이고 사회적인 문제에 속한다.

기독교 문화에서는 일반적으로 성적 충동을 지나치게 제한해 왔다. 그 결과 우리는 부조리한 현실에서 살아가고 있다. 부모들은 자녀들에게 성이 나쁜 것이라는 메시지를 전달하는 반면, 우리 사회는 성을 상품화해서 젊은이들에게 유혹적인 본능을 실험할 수 있는 온갖 기회를 제공하기 때문이다.

심리치료를 하다 보면 환자들이 어릴 때부터 성과 관련된 기억은 자연스러운 경험들까지 무의식 속에 억누르고 있거나 비밀로 감추고 있는 것을 알게 된다. 그러한 경험에 대해 뭔지 모를 죄의식을 느끼고 부모나 다른 사람들에게 알리기를 두려워하기 때문이다. 그 결과 건강한 본능이 억눌리고 위축되는 부작용이 일어난다.

아메리칸 인디언의 문화는 성적인 문제에서 보다 합리적인 태도를 갖고 있었다. 전통적인 인디언 사회에서는 성을 자연스럽고 순수한 것으로 받아들이면서도 아이들이 적당한 나이가 될 때까지 성욕을 자제하도록 감독한다. 덕분에 아이들은 때 이른 성경험으로 인한 심리적 상처를 피하고 불필요한 죄의식을 갖지 않을 수 있다.

우리 사회에도 성문화를 음지에서 양지로 끌어내는 변화가 일어나고 있다. 하지만 과거에는 성을 지나치게 억누른 면이 있었다면 지금은 너무 느슨한 것처럼 보인다. 지나친 제약이 본능의 활동을 억제하는 것처럼, 낭만적이고 개인적인 관계와 그 의미에 대한 심리적 이해가 생략된 직접적이고 노골적인 성적 표현은 정신 건강에 해로운 영향을 입힌다.

본능과 정신은 분리되어 있는 것이 아니라 서로 연결되어 있다. 때문에 본능 활동이 손상을 입으면 조만간 정신 활동 또한 위축되고, 정신 활동에 손상을 입으면 조만간 본능 활동이 그 역동성을 잃어버린다. 우리의 정신 활동은 육체적 표현에 의해 향상되기도 한다. 실제로 운동이나 춤은 정신 활동을 활발하게 하는 효과를 갖고 있다.

우리는 본능을 억누르지 않고 포용하면서 창조적이고 활기찬 삶을 위한 에너지로 사용할 수 있는 지혜를 갖고 있다. 그러나 만일 성적 환상을 주체하지 못하거나 행동에 옮김으로써 사회생활이나 인간관계가 위협을 받는 지경에 이른다면 그러한 에너지를 보다 높은 의식 차원으로 옮겨가기 위해 특별한 노력을 기울일 필요가 있을 것이다.

제3의 성, 동성애

우리의 자아는 일반적으로 생물학적인 성을 따라 형성된다. 남자의 몸은 남성 호르몬이, 여자의 몸은 여성 호르몬이 지배하면서 각각 특별한 역할을 하도록 설계되고 자아는 이러한 몸의 남성적 특성이나 여성적 특성과 동화되는 것이다. 그 결과 생물학적인 성별과 다르다고 여겨지는 정신적 측면들은 약화되거나 무의식속에 억압된다. 남자는 성장하면서 이성적이고 공격적인 면이 발달하는 반면 관계를 맺고 보살피는 능력은 등한시된다. 여자의 경우에는 감정이입 능력이 발달하는 반면 자기주장을 하고 논리적 사고를 펼치는 능력은 소홀히 하게 된다.

그런데 예외적으로, 만일 우리의 자아가 신체적인 성별과 다른 성 정체성을 갖는 경우에는 동성애자가 될 수 있다. 동성애의 원인을 선천적이거나 환경적인 요인에서 찾는 여러 주장이 있지만 여기서는 개인적이고 심리학적인 관점에서 접근해 보고자 한다.

우선, 동성애가 마치 획일적인 현상인 것처럼 이야기하는 것은 잘못이다. 우리가 동성애라고 부르는 성적 취향은 뚜렷하게 구분이 되는 다양한 유형으로 나타난다. 일반적으로 남성 동성애는 남자가 다른 남자나 또는 남자의 성기에 대해 성적 욕망을 갖는 것을 말한다. 하지만 어떤 남자들은 오로지 동성과의 친밀한 관계를 원하고, 어떤 남자들은 결혼을 해서 자녀를 키우고 부부생활에 만족하면서도 이따금씩 동성애적 경험을 원하는 욕망에 사로잡힌다.

여자가 아닌 동성의 젊은이에게서 자신을 온전하게 해줄 반쪽을 발견하는 남자들 중에는 중년이 넘어 젊은 아도니스의 속성을 가진 젊은 청년과 사랑에 빠지는 경우가 있다. 이때 나이든 남자의 눈에 젊은 청년은 남성적인 미덕과 여성적인 미덕을 함께 갖추고 있는 듯이 보인다. 강하고 남성미가 넘치는 전형적인 남자의 몸을 갖고 있지만 또한 여성적인 속성과 우아함을 겸비한 아름다운 청년은 남자라기보다 다비드와 안티누스의 분신이나 젊은 그리스 신처럼 느껴진다. 남성성과 여성성을 둘 다 갖춘 듯 보이는 이런 청년에게 나이든 남자는 자신의 내면에 있는 온전한 인격의 이미지인 '자기自己'를 투사한다.

토마스 만Thomas Mann의 소설 『베니스에서의 죽음Death in Venice』에는 이러한 종류의 동성애적 욕망이 그려져 있다. 작가인 아셴바흐는 나이가 들어 쇠약해진 몸을 추스르기 위해 요양차 베니스에 간다. 그곳에서 같은 호텔에 머무르고 있는 폴란드

소년 타지오를 보는 순간 그의 영혼은 주체할 수 없는 탐미적
욕망에 빠져든다.

　　그는 푸른 바다 가장자리에 서 있는 고귀한 자태에서 눈을
　　떼지 못한 채 황홀경에 빠져 자신이 지금 보고 있는 것이야
　　말로 아름다움의 진수라고 중얼거렸다. 우리 마음속에 유일
　　하게 순수하고 완전하게 존재하는 신성한 정신이 진귀하고
　　성스러운 이미지로 형상화되어 숭배를 받기 위해 그곳에 서
　　있었다.

　아센바흐는 초월적인 아름다움을 느끼게 하는 미소년의 모
습에서 정신적인 미와 관능적인 미의 완전한 결합체를 발견하
고 환희와 절망, 황홀과 고뇌를 동시에 느낀다. 평생 동안 합리
적 이성을 중요시하며 살아온 그의 인격과 신념은 한순간에 무
너져내린다. 소년의 주위를 맴돌며 전염병이 창궐한 도시를 떠
나지 못하던 그는 결국 베니스의 해변에서 쓸쓸히 죽음을 맞는
다.
　마리 루이제 폰 프란츠는 『동화속 여성성』에서 남자들의 자
기自己 이미지가 대체로 아름다운 청년이나 지혜로운 노인으로
나타난다고 했다. 이것은 때로 젊은 청년과 연상의 남자 사이에
강한 유대감이 생기는 이유를 말해 준다. 젊은 청년의 자기는

고대 그리스의 '물에 뛰어드는 사람의 무덤 The Tomb of Diver**'에 그려진 벽화**

고대 그리스에서는 동성애가 특별히 문제시되지 않았으며 보편적으로 행해졌던 것으로 보인다. 다만 나이 많은 남자와 나이 어린 소년 간에 이루어지는 것이 이상적으로 여겨졌다. 그들은 소년이 폴리스의 성숙한 시민으로 성장하는 데 성인 남자와의 정신적, 육체적 유대가 도움이 된다고 믿었다.

권력과 권위의 이미지를 보여주는 연상의 남자를 향해 움직인다. 나이 먹은 남자의 자기는 아들, 에로스, 영원한 젊음의 이미지를 보여주는 청년을 향해 움직인다. 이러한 갈망이 너무 커지면 유대감이 성적인 경향을 띠게 되고 동성애 관계로 발전할 수 있다. 하지만 그 중심에는 온전한 인격에 대한 갈망이 있으며, 그러한 관계에 사용되는 에너지는 각자가 상대방이 보여주는 것을 자신의 것으로 만들고자 하는 깊은 욕망에서 비롯된다.

앞에서 이야기했듯이, 우리에게는 의식의 발달에서 부족한 부분을 성적으로 채우려고 하는 무의식적인 욕망이 있다. 젊은 청년을 동경하는 남자는 종종 힘에 대한 욕망에 사로잡혀 있거나 지나치게 이성적이고 경직된 삶을 살아온 경우가 많다. 따라서 한쪽으로 치우친 자신의 의식을 보완해서 온전하게 해주는 것처럼 보이는 상징적 인물을 통해 순수하고 영원한 젊음과 에로스를 추구하는 것이다.

동성애의 또 다른 종류에는 남자가 아니라 남자의 성기와 접촉하고자 하는 욕망을 갖는 형태가 있다. 다시 말하지만, 이것은 결혼한 남자나 이성애자에게도 일어날 수 있다. 창조적인 남성적 정신을 상징하는 남근을 통해 자기와 연결되고자 하는 깊은 욕망이 고개를 드는 것이다. 이러한 욕망은 종종 남자가 특별히 지치거나 혼란스러운 감정을 느낄 때 자기와의 접촉을 통해 자아를 치유하고 통합하기 위해 의식 속으로 잠입한다. 아니면 주변의 여자들을 위험한 존재로 느끼고 그들로부터 자신을 지키기 위해 동성애를 통해 남성성을 재생하고 강화하고자 하는 무의식의 심리일 수 있다.

이런 남자들 중에는 어머니에게서 사랑을 받지 못했거나 반대로 집착에 가까운 사랑을 받은 경우가 많다. 특히 어머니가 어린 아들에게서 남성성이 싹트지 못하도록 일찌감치 차단하는 식으로 훈육을 했을 수 있다. 아들에게 사회성을 가르치겠다는 생각으로 이를테면, 집 안에 흙을 묻히고 온다거나 욕을 한다거나 싸움닭처럼 우쭐거리거나 하지 못하도록 지나치게 억압하는 것이다. 남자아이들의 개구쟁이 특징들은 부모를 힘들게 하지만 점차 긍정적 남성성으로 발달할 수 있는 씨앗을 품고 있다. 이런 남성성의 신호들을 너무 자주 억누르면, 특히 감성적인 소년은 자신의 남성성과의 접촉을 잃어버릴 수 있다. 아직 남성의 정체성이 굳지 않은 아이에게 친절, 용서 등의 가치를 지나치게 강조하고 엄격한 종교적 교육을 하는 것도 남성성에서 멀어지게 만드는 요인이 될 수 있다. 더구나 아버지에게서 남성적 애정을 받지 못해서 생긴 결핍감을 갖고 있다면 다른 남자들과의 친밀감을 원하는 성적 갈망이 나타날 수 있다.

혹은 아버지의 사랑을 받지 못하는 것도 영향을 미친다. 남자아이는 성장하면서 아버지의 사랑을 필요로 하고 갈망하는 시기가 있다. 아버지의 애정에는 물리적인 사랑도 포함된다. 앞에서 설명한 동성애적 갈망은 보통 부자지간의 사랑 표현이 부족한 것이 원인이 된다. 아버지가 곁에 없었거나 너무 무기력해서 사랑을 줄 수 없었거나 아들을 미워하고 거부했을 수도 있다. 아버지의 애정을 받지 못해서 생긴 욕구불만으로 인해 소년의 자아가 남성성을 제대로 구현하지 못하는 것이다. 소년의 남성적 정체성은 일정 부분 아버지와 자신을 동일시하고 남자의 세계에 속해 있다는 소속감을 느끼면서 발달하기 때문이다.

원시 문화에서는 사춘기 소년들이 체력 시험과 비밀스러운 성인식을 통과한 후에 배타적인 남자들의 세계에 받아들여진다. 여자들은 그러한 남자들의 의식을 구경하지 못한다. 아마 진지한 분위기가 흐려질 뿐 아니라 만일 누군가 비웃기라도 하면 남자가 되기 위해 애쓰는 소년들의 자존심을 상하게 만들 수 있기 때문일 것이다. 성인식에서는 소년의 자아를 강화시키는 체력과 고통을 참는 인내심을 시험하고 나서 노인들이 소년에게 부족의 정신적 전통 지식을 전수하는 교육이 포함되었다. 따라서 성인식을 치른 소년은 남자들만 아는 비밀을 공유하게 된다. (여자들 역시 연장자들이 소녀들에게 전달한다.) 소년들은 그런 과정을 거쳐 남자들의 세계에 확실하게 편입된 후에 비로소 매혹적이면서도 위험한 여자들의 세계와 접촉할 준비가 된다. 이러한 종류의 성인식을 치르지 않는 문화에서는 성 정체성을 확인하는 절차를 필요로 하는 심리가 때로 과도기적인 동성애로 나타나기도 있다.

지금까지는 남성성이 충분히 발달하지 못했거나 영혼의 이미지가 양성의 이미지로 투사되는 종류의 동성애에 대해 이야기했다. 이와는 달리 아니마가 주도적인 역할을 하면서 남자의 자아를 지배하는 듯이 보이는 동성애가 있다. 이 경우에는 아니마의 특성이 남성적 자아의 특성과 합쳐져서 일종의 여성화된 남자의 자아가 만들어진다. 그 결과 우리가 일반적으로 '트랜스젠더'라고 부르는 사람이 된다. 보통 남자들은 자신의 자아를 남성성과 동일시하는 데 비해, 이런 남자는 남성성을 자기 것으로 만들지 못하거나 거부한다. 그의 자아는 자웅동체의 구조를 갖고 있고 그의 무의식 속에서는 아니마가 주도적인 역할을 한다. 이런 조건을 가진 남자는 이성과의 성적인 관계가 불가능하다. 왜냐하면 우리의 정신을 이루고 있는 서로 상반된 특성들은 먼저 서로 분리되고 구분이 되고 난 후에 비로소 다시 연결되고 합쳐질 수 있기 때문이다.

이런 남자들은 인간적으로 여러 가지 긍정적인 특성을 지닌 경우가 많다. 예를 들어, 뛰어난 감각과 온화한 성품으로 사람들에게 편안한 대화 상대가 되거나, 치유 능력이나 뛰어난 예술적 재능을 보이기도 한다. 원시 사회에서는 많은 무속인들이 동성애자였고 오늘날에도 영적인 치유 능력이 있는 사람들이 종종 동성애적 성향을 갖고 있다. 반면, 잘 토라지고 변덕스러우며 지나치게 예민한 성격 때문에 사회적으로 원만한 관계를 오래 유지하기 어려운 면이 있다.

아메리칸 인디언들은 동성애자에 대해 학문적인 용어가 아니라 신화적인 이야기로 훌륭하게 설명하고 있다. 그들의 전설에 의하면, 소년이 사춘기가 되면 달이 한 손에는 활과 화살을, 다른 손에는 여자의 질빵(짐을 넣어 어깨에 걸어서 메는 주머니—옮긴이 주)을 들고 나타나 내민다고 한다. 만일 소년이 활과 화살에 손을 뻗지 못하고 머뭇거리면 달은 소년에게 질빵을 건네준다. 그러면 그 소년은 베르다쉬가 된다. 융 심리학의 언어로 말하자면, 소년이 자신을 활과 화살로 상징되는 남성성과 동화하지 못하면 아니마의 손 안에 떨어지는 것이다. 베르다쉬는 특별한 옷을 입고 부족 안에서 특별한 역할을 수행한다. 중매쟁이 역할을 하거나, 전투에 참가하는 대신 전사들을 따라다니며 부상자를 치료하기도 한다. 베르다쉬의 존재는 인디언 사회에서 아주 당연하게 받아들여졌다. 그들을 비웃거나 경시하는 일은 없었으며 단지 특별한 유형의 남자들로 여겼다.

이처럼 남자의 몸을 갖고 태어났으나 정신적으로는 여성성을 뚜렷하게 드러내 보이는 트랜스젠더들은 마치 남자의 내면에

주니족 베르다쉬

북미 인디언 주니족은 생물학적인 성별이 반드시 남자와 여자의 역할을 결정하는 것은 아니며 또한 성의 유형이 남자와 여자만 있는 것이 아니라는 생각을 자연스럽게 받아들인다. 그들은 남자도 아니고 여자도 아닌 '제3의 성'을 갖고 있는 사람들을 '베르다쉬'라고 부른다.

아니마가 존재한다는 증거를 세상 사람들이 눈으로 볼 수 있게 해주는 듯하다. 그들은 여자 옷을 입고 여자 같은 말투를 사용하고 여자 이름으로 바꾸기도 하면서 자신들만의 하위문화를 창조하며 살아간다. 어쩌면 모든 세대마다 일정 수의 남자들이 무의식에 의해 어떤 식으로 양성을 지니고 사는 운명을 타고나는지도 모른다. 융의 표현대로 '한쪽으로 치우친 성적 존재의 역할'에 동화되기를 거부하는 그들은 마치 이 세상에는 완전히 남자이거나 여자인 사람은 없으며 인간은 원래 양성적인 존재라는 사실을 우리에게 상기시켜 주는 듯하다.

동성애적 경향이나 성향을 갖고 있지 않은 이성애자이면서도 여성의 원형에 가까이 있는 남자들이 있다. 이들은 분명하게 남성의 자아를 확립하며 성적인 감정과 욕망은 여성을 향한다. 하지만 여자들과 정신적으로 교감을 나누며 여성성의 신비와 의미를 모든 차원에서 경험할 수 있다. 또한 자신이 갖고 있는 여성성을 이해하고 우리 삶에서 차지하는 여성적 가치를 인정하고 중요하게 생각한다. 이런 남자들 중에도 무의식을 직접 경험하는 능력이 있고 치유 능력이나 예술적 재능을 갖고 있는 경우가 많다. 이들은 아니마와 가깝게 연결되어 있음으로 해서 특이한 성적 환상을 꿈꿀 수 있지만 남성적 자아를 갖고 자신을 여성성과 구분하기 때문에 여성성을 이해하고 받아들인다고 해서 여성화되지는 않는다. 다만 정신적으로 아니마의 강력한 영향을 받아 특별한 자의식을 요구하는 삶을 살게 된다.

우리 안에 사는 여신들

우리는 지금까지 남자의 무의식 속에서 여성적 원형이 어떤 작용을 하는지에 대해 알아보았다. 이제 여자들에게는 여성적 원형이 어떤 다양한 모습으로 나타나고 그 결과로 어떤 인격이 형성되는지 알아보기로 하자.

융의 정신적 동반자이며 동료였던 토니 볼프Tony Wolff는 「여성 정신의 구조적 형태Structural Forms of the Feminine Psyche」라는 논문에서 여성의 유형을 어머니, 헤타이라, 아마존, 영매의 네 가지로 분류하고, 여자들은 대부분 이 네 가지 유형의 특성을 모두 지니지만 그중 두드러지는 한두 가지 특성이 인격을 결정한다고 했다.

어머니의 특성이 가장 뚜렷한 유형의 여자는 생명을 보살피는 일에서 자신의 존재와 삶의 의미를 발견한다. 아이를 임신하고 키우며 행복을 느끼고 남편보다 아이들을 더 소중하게 여긴다. 이런 여자는 모성이 강하다는 장점이 있는 반면 어머니로 머물러 있고자 하는 욕망으로 인해 무의식적으로 아이들의 독립을 늦추고 너무 오래 붙잡아 두려고 하는 문제가 있다. 아니면 심리적으로 무능한 남자를 만나 아이처럼 다루려고 하는 경향을 보이기도 한다.

두 번째 유형인 헤타이라는 고대 그리스에서 남자들의 정신적인 동반자가 되기 위해 특별한 교육을 받은 일종의 고급 기생을 말한다. 헤타이라 유형의 여자는 남자들과의 관계에서 자신의 정체성과 만족을 추구한다. 그 관계는 성적인 사랑을 포함할 수도 있고 아닐 수도 있지만 어느 쪽이든 정신적인 연결을 중요하게 여긴다. 이런 여자들은 본능적으로 남자들에게서 에로스를 이끌어낸다. 많은 남자들이 헤타이라 유형의 여자에게 끌리는 이유는 자신에게 부족한 개인적인 상호작용과 사랑의 능력이 발달하도록 유도하기 때문이다. 하지만 이런 유형의 여자들은 현실의 우여곡절을 견디고 지속적인 관계를 유지하는 데 어려움이 있다. 또한 다른 여자들과 진지한 우정을 나누기 어렵다.

아마존 여전사 유형의 여자들은 외부세계에서 주된 정체성과 만족을 찾는다. 보통 전문직에 종사하며 유능하고 지략이 뛰어나다. 의사, 과학자, 행정가, 비서, 어떤 일을 하든 사회적으로 성공한다. 예를 들어 엘리자베스 1세나 수전 B. 앤서니처럼 정치적으로나 사회적으로 두드러진 활약을 보이는 여자들이 이런 유형에 속한다. 하지만 지나치게 남성적이 된다면 여성성이 지닌 긍정적인 측면에서 멀어질 수 있는 약점이 있다.

마지막으로, 영매 유형의 여자들은 집단 무의식과 소통하며 영적인 세계와 인간 사회를 이어주는 다리 역할을 한다. 따라서 무당, 선지자, 신비주의자, 심령술사, 치료사, 시인, 영매 등의 역할을 할 수 있다. 프랑스를 구한 성녀 잔 다르크나 이스라엘의 초대왕 사울에게 예언을 해준 엔도르의 무녀는 분명 영매 유형이었다. 이런 유형의 여자들은 무의식의 힘에 휘말려 현실에서 멀어지기 쉬우므로 사회적으로 인정을 받기 어렵다. 이들이 가진 재능은 인류의 영혼을 치유하는 중요한 역할을 할 수 있지만 과학적인 사고나 심리적 통찰력과 균형을 이루지 못하면 허황되거나 미신에 지나지 않는 것으로 치부되기 때문이다. 이들은 원시 문화에서 여사제, 예언가, 무당의 역할을 했지만 현대 사회에서 할 수 있는 역할은 제한적이다.

여자들은 위의 네 가지 중 한 가지 이상의 유형을 지닐 수 있고, 또한 한 가지 지배적인 유형이 추구하는 목적을 달성하고 나면 또 다른 유형이 나타날 수 있다. 이를테면 어머니로서의 역할에 충실하면서 다른 한편으로 헤타이라나 여전사의 욕망을 느낄 수 있다. 만일 동시에 한 가지 이상의 유형에 대한 욕망을 갖고 있다면 내적 갈등을 느낄 것이다. 또한 한 가지 유형에서 다른 유형으로 바뀔 때는 주변 사람들과 갈등을 빚을 수 있다. 예를 들어, 남자가 여자에게서 자신이 기대하지 않았던 측면을 발견하면 거부감을 느끼고 억누르려 할 것이다. 헤타이라 유형이나 어머니 유형의 특성을 갖고 있을 것이라고 기대했던 여자가 아마존이나 영매 유형의 특성을 보이면 남자는 이해하고 받아들이기 어려울 것이다.

위에서 설명한 네 가지 유형에 따라, 여자들의 내면에서는 아니무스 역시 각각 다른 비중을 차지하거나 적어도 각각 다른 특징을 드러낸다. 남성성과 지나치게 동화될 위험을 갖고 있는 여전사 유형에서는 아니무스가 가장 두드러질 것이고, 헤타이라 유형에서는 아니무스의 영향력이 가장 적을 것이다. 하지만 헤타이라 유형의 여성이라도 사랑하는 남자를 위해 여전사와 같은 무모하고 대담한 행동을 보일 수 있다.

헤타이라 유형의 여자들은 다시 한 번 우리에게 흥미로운 질문을 던진다. 아니마는 단지 남자가 갖고 있는 여성성을 말하는 것인가? 아니면, 아니마와 아니무스라는 용어는 성별과 무관하게 우리 모두가 갖고 있는 여성성과 남성성을 말하는 것인가?

앞서도 이야기했지만, 융은 아니마를 남자가 갖고 있는 여성성이고 아니무스는 여자가 갖고 있는 남성성이라고 했다. 융에 의하면, '아니마는 여성성을 의미하며 남자의 의식을 보완하는 여성적 심혼이다.' 이러한 등식을 적용하면 아니무스 역시 여자의 의식을 보완하는 남성적 심혼이다.

하지만 제임스 힐먼은 이러한 융의 생각에 이의를 제기했다. 힐먼은 아니마가 단지 남자의 여성성을 말하는 것은 아니라고 주장하면서(아니무스 역시 단지 여자의 남성성을 말하는 것이 아니다.) 아니마는 원형이며, '원형은 여성이나 남성 중 어느 한쪽에만 속할 수 없다.'고 말한다. 그는 원형으로서의 아니마는 남성과 여성을 구분하는 양성의 개념(남성의 의식과 여성의 의식을 서로 반대의 개념으로 보는)에서 해방되어야 하며 여자의 심리에도 적용할 수 있는 개념이라고 주장한다.

그렇다면 여자 역시 자신의 내면에서 여성적 영혼인 아니마를 발견할 필요가 있다. 여자들이 공허감을 느낄 때는 자신의 영혼에서 멀어져 있기 때문이다. 남자가 여성적 측면을 무시할 때 영혼을 잃어버릴 수 있는 것처럼, 여자 역시 남성적인 용기와 이성을 배우는 과정에서 영혼을 잃어버릴 수 있다. 실제로, 오늘날 많은 여자들이 학문적 연구와 사회적 목표를 추구하는 과정에서 남자들과 경쟁을 하느라 여성성을 잃어버리고 자신의 영혼에서 멀어지는 경험을 한다.

제임스 힐먼은 남자의 아니마 투사를 받아들이고 반영하는 능력이 뛰어난 여자들을 '아니마 여자'라는 호칭으로 부르기도 했다. 이런 여자가 남자를 매혹시키는 이유는 마치 비어 있는 그릇처럼 남자가 투사하는 아니마를 그대로 담아서 보여주기 때문이다. 다시 말해 남자가 여자에게 바라는 대로 자신의 모습을 보여주는 것이다. 하지만 힐먼은 이런 여자가 완전히 비어 있는 그릇이 아니며 단지 아니마라고 불리는 기본적인 여성성에 좀 더 가까운 유형일 뿐이라고 말한다. 이들이 비어 있는 것처럼 보이는 이유는 개인적인 인격이 없어서가 아니라 전형적인 여성성이 특별히 강하기 때문이라는 것이다.

융이 1951년 빅터 화이트 신부에게 보낸 편지에서 한 특별한 여자 환자에 대해 서술한 내용을 보면 그 자신도 아니마가 남자뿐 아니라 여자도 갖고 있는 특성이라는 것을 어느 정도 인정한 듯하다.

신부님께서 저에게 보내신 X 부인을 만났는데 그녀는 분명 뛰어난 미인 이상의 뭔가를 지니고 있더군요! 그녀와 함께 흥미로운 대화를 나누었으며 분명 무척 신비로운 특성을 가진 여자라는 것을 인정하지 않을 수 없습니다. 만일 아니마가 현실에 존재한다면 바로 그 여자를 아니마라고 지칭할 수 있을 정도입니다.

그녀처럼 전형적인 여성의 내면에서는 아니마가 호텔 계산서처럼 긴 형이상학적 그림자를 드리우며 끝없이 많은 항목들을 담고 있는 듯합니다. 그녀에게 어떤 이름표를 붙여서 서랍에 넣어버릴 수 없습니다. 단지 추측을 할 뿐 도무지 어떤 사람인지 절대 알 수가 없었습니다.

융과 화이트 신부에게 깊은 인상을 남긴 이 여인이 누구인지 모르지만 그녀는 분명 포착하기 어려운 신비로운 여성성을 지닌 원시적인 영혼이었을 것이다. 그러한 여성성은 남자가 그녀에게 투사하는 것이 아니라 그 여자 자신이 갖고 있는 것이다.

이런 맥락에서 보면, 아니마는 남자뿐 아니라 여자에게도 해당되는 여성성이라는 힐먼의 주장은 분명 설득력이 있다. 아니무스 역시 남자도 기본적으로 갖고 있는 남성성이다. 융학파 분석학자인 에스더 하딩 역시 『여성의 신비Woman's Mysteries』에서 남자뿐 아니라 여자의 내면에도 아니마라고 불리는 기본적인 여성성이 존재한다고 이야기했다. 하딩은 우선 남자 내면의 아니마를 '포악한 달의 여신이 가진 초자연적인 특성을 반영해서 남자에게 영광스럽고 무시무시한 에로스를 직접 경험하게 해주는 여성적 정령'이라고 표현했다. 하딩은 계속해서 여자 내면에 있는 여성성에 대해 다음과 같이 기술했다.

여자가 자신의 여성성을 경험하는 것은 이와 다르다. 여자들은 보통 직접적으로 초자연적인 여성성을 경험하지 않는다. 여자는 여성으로 살면서 느끼는 감정을 통해 여성성을 간접적으로 경험한다. 하지만 여자가 자신의 내면을 충분히 오래 들여다본다면 거칠고 길들여지지 않은 여성성에서 비롯된 충동과 생각이 무의식에 존재하는 것을 인식할 수 있을 것이다. 대부분 여자들은 자신의 본성이 갖고 있는 이러한 어두운 비밀을 애써 외면하려고 한다. 스스로 의식하지 못하는 부분은 인정하기 어렵기 때문이다. 하지만 여자들에게 부여된 사명은 초자연적 여성성이 가진 악마적 힘을 길들여서 인간 세상에 이롭게 사용하는 것이다.

이러한 하딩의 설명에 의하면, 남자의 내면뿐 아니라 여자의 내면에도 자아의식과는 별도로 '초자연적 여성성'이 기본적으로 존재한다.

그런가 하면, 미국의 융학과 분석가인 필립 자브리스키Philip Zabriskie는 「현세의 여신들Godesses in Our Midst」이라는 논문에서 여성의 유형을 천상의 다섯 여신에 비유해서 분류했다. 그는 그리스 신화에 아니마와 아니무스가 다양한 인격의 여신들로 등장한다고 설명한다. 그중에서 아프로디테, 데메테르, 헤라, 아르테미스, 아테나는 천상의 세계에서 중요한 역할을 하는 여신들이다. 그 밖에도 지하세계에는 코레와 헤카테가 있으며 헤스티아와 수많은 정령과 요정이 있다.

여신 아프로디테는 '남성성과의 결합을 추구하는 여성적 측면, 남자를 강력하게 끌어당기는 에로틱한 자성'을 상징한다. 헤라는 올림포스의 여왕으로 왕좌와 가정이라는 신성화된 제도를 지키는 것처럼 '비개인적'이고 '제도적'인 남자들의 세계에 관여한다. 데메테르는 남자보다는 아이를 출산하고 사랑으로 보살 피는 기본적인 모성을 구현한다. 아마존의 여신 아르테미스는 처녀성, 순결, 독립성, 비개인적인 측면에서의 여성성을 대표하며 우아함, 생명력, 자유로움, 정신적인 능력이 지배적이다. 아버지 제우스의 머리에서 완전한 성인으로 태어난 처녀신 아테나는 '의식, 시간, 자아, 일, 성장'과 관련된 여성성을 상징한다.

자브리스키는 이 다섯 여신들의 삶과 행동이 각각 여성성이 나타내는 전형적인 방식을 보여주며, 여자들의 정신 속에는 영원히 이 여신들이 살아 있고, 어떤 유형이 지배적인지에 따라 인격이 결정된다고 설명한다. 예를 들어, 창부의 정신에는 아프로디테가, 어머니의 정신에는 데메테르가, 아마존 여인의 정신에는 아테나가, 그리고 영매의 정신에는 아르테미스가 각각 가장 우위를 점한다. 헤라 여신의 정신은 공동체의 대의를 위해 헌신하는 여자들에게서 볼 수 있다.

하지만 이러한 여신들의 특성은 단지 여자들에게서만 나타나는 것은 아니며 남자들의 특성이 될 수도 있다. 여자들과의 정신적 교감을 즐기는 남자는 분명 아프로디테의 정신에 의해 움직일 것이며, 고독을 즐기는 장거리 마라토너는 아르테미스의 정신이 지배하고 있을 것이다.

자브리스키의 이러한 설명은 아니마가 아니무스와 마찬가지로 단일 인격이 아니며 다양한 얼굴로 나타날 수 있다는 가설을 뒷받침한다. 또한 아니마와 아니무스가 남자와 여자에게 똑같이 적용할 수 있는 개념이라는 힐먼의 생각과도 일맥상통한다.

이 문제는 지금 여기서 결론을 내릴 수 없다. 아니마와 아니무스는 경험에 의해 검증이 가능하며 심리치료에 도움이 되고 우리 자신에게 적용할 수는 있지만, 그럼에도 분명하게 정의를 내리는 것은 불가능하다. 우리의 내면은 처음 이해의 손전등을 비출 때는 상당히 분명하게 보이는 듯해도 그 빛줄기를 따라 여행을 할수록 점점 더 어두워지기 때문이다.

융의 정의에 따라 아니마를 남성 심리를 표현하는 용어로 아니무스를 여성 심리를 표현하는 용어로 사용하는 것이 편리할 수는 있지만, 단정적으로 A는 B라고 주장하는 것은 적절하지 않다. 아니마와 아니무스를 다루는 것은 우리가 의식하지 못하는 무의식의 심혼을 다루는 것이다. 우리의 의식적 판단은 어떤 확정적인 진술을 할 수 있을 만큼 무의식의 어둠과 미로 속으로 깊숙이 들어가지 못하는 것이 사실이다.

그럼에도 불구하고, 나는 융이 창조한 아니마와 아니무스라는 개념이 우리에게 큰 도움이 되는 이유는 우리 내면에 양성이 존재한다는 사실을 깨우쳐주기 때문이라고 생각한다. 우리의 정신은 분명 균질한 개체가 아니다. 우리 내면에서는 끊임없이 불가피한 대립이 일어나고 있다. 남성성과 여성성, 아니마와 아니무스, 음과 양, 뭐라고 부르든지 간에 서로 대립하는 두 가지 특성은 영원히 긴장 관계를 이루면서 또한 결합을 추구한다. 인간의 영혼은 그 안에서 능동성과 수동성, 빛과 어둠, 양과 음이 만나 통일된 인격을 구축하는 위대한 경기장이다.

사회심리학자이며 정신분석학자인 에리히 프롬은 이러한 원리를 『사랑의 기술The Art of Loving』에서 인간 내면의 '부성적 양심'과 '모성적 양심'이라는 용어를 사용해서 좀 더 구체적으로 설명하고 있다.

인간은 이러한 두 가지의 양심을 내면에 간직한다. 부성적 양심을 통해서는 복종, 성실성, 절제, 인내, 책임 등을 배우고 모성적 양심을 통해서는 자비, 동정심, 연민 등을 배운다. 즉, 모성적 양심과 부성적 양심을 간직함으로써 이성과 감성이 서로 조화와 균형을 이루도록 해야 한다.

만일 부성적 양심만을 갖고 있다면 외적으로 냉정하고 난폭한 사람이 될 것이고 내적으로는 강박신경증에 시달리게 될 것이다. 반대로 모성적 양심만을 갖고 있다면 우유부단하고 의존적이며 현실에 대처하는 능력이 떨어져서 히스테리나 알코올 중독 같은 정신 질환에 걸리기 쉬운 상태가 될 것이다.

우리는 이제 성적 환상을 꿈꾸는 이유가 그 뒤에 온전한 인격을 갈망하는 충동이 있기 때문이라는 것을 알고 있다. 의식과 결합해서 분리되지 않는 온전한 인격을 구축하려는 영혼의 욕망은 우리가 갖고 있는 가장 강력한 충동이다. 우리 자신의 온전한 인격을 갈구하는 욕망과 인간이 신을 발견하려는 욕망은 동일한 것이다. 그래서 인격의 온전함이나 개성화를 향한 이러한 충동을 융은 또한 인간의 종교적 본능이라고도 표현했다.

우리 내면에서 서로 대립하고 있는 요소들을 조화시키기 위해서는 분명 평생을 통해 꾸준하고 부지런하게 무의식을 의식화하는 노력이 필요하다. 그 과정에서 보통 남자는 여자와의 관계를 경험해야 하고 여자는 남자와의 관계를 경험해야 한다. 그리고 궁극적으로는 남녀 관계가 아니라 우리 내면에서 해결해야 하는 문제다.

진정한 사랑은 우리 내면의 동반자와 현실의 동반자를 구분할 수 있을 때 비로소 가능하다. 융심리학이 종종 '투사를 거두어들이라'고 이야기하는 것은 바로 이런 의미다. 우리 내면에 있는 무의식의 내용을 외부로 투사하는 한, 진정한 인간적인 사랑이 불가능하기 때문이다. 하지만 우리는 투사를 완벽하게 거두어들일 수 없다. 아니마와 아니무스의 정신적 이미지는 매우 풍요롭고 불가사의해서 우리도 모르는 사이에 언제라도 밖으로 투사되곤 한다. 중요한 것은 우리가 투사를 인식하는 법을 배울 수 있다는 것이다. 그러한 인식을 통해 우리는 투사된 무의식의 내용을 점차 의식으로 통합해서 이해할 수 있다.

아니마와 아니무스가 불러오는 신비로운 감정에 비하면 현실의 사랑은 평범하고 하찮게 여겨질지도 모른다. 하지만 환상과 현실을 구분할 수 있을 때 비로소 진정한 사랑을 찾을 수 있는 것은 분명하다.

'민중을 이끄는 자유의 여신', 외젠 들라크루아 1830년 작

프랑스 혁명가들을 이끄는 자유의 기수로 묘사된 이 여인상 역시 인간의 무의
식 내용을 해방시키고 개성화를 돕는 아니마의 기능을 상징한다.

5장

무의식과 소통하기

나의 생애는 무의식의 자기실현의 역사다.

카를 구스타프 융

자기自己를 발견하는 연금술, 적극적 상상

　내 경험으로 미루어 보면, 상처 입은 영혼을 치유하기 위해서는 심리분석을 받는 것만으로는 충분하지 않다. 개인의 과거사와 우리 내면에서 작용하는 무의식의 내용을 이해한다고 해도 그것만으로는 치유가 되지 않는다. 심리분석의 궁극적인 목적은 피분석자의 사고에 새로운 방향과 관점을 제시하고 자아의 힘을 강화해서 확고한 의지를 갖고 주어진 문제를 해결하기 위한 선택을 할 수 있도록 도와주는 것이다. 따라서 피분석자 스스로 자신의 내면세계와 관계를 맺고 의식과 무의식을 화해시킴으로써 파괴적인 내면 상태를 변화시키기 위해 노력하는 적극적인 자세가 필요하다. 그럴 때 비로소 현실에서 부딪치는 갈등을 극복하고 새로운 삶을 시작할 수 있기 때문이다.

　'영혼의 치료사'라고 불린 카를 구스타프 융은 환자 스스로 무의식과 소통할 수 있도록 도와주기 위해 소위 '적극적 상상

중세의 인문학자 미하엘 마이어 의 1618년 논문 '아탈란타 푸가 Atalanta Fugiens'에 삽입된 연금술 이미지

융은 연금술에서 개성화 과정을 설명하는 중요한 상징을 발견했다. 그는 연금술사들이 무가치해 보이는 금속을 금으로 만드는 과정을 인간 정신의 자기실현에 대한 욕망이 투사된 것으로 보았다.

(active imagination)'이라는 기법을 개발했다. 적극적 상상법은 명상을 하면서 무의식 속 심혼의 이미지를 응시하거나 목소리를 들으며 상호작용을 하는 것이다. 즉, 우리 내면과 대화를 나누고 소통하는 것이다.

적극적 상상은 프로이트가 정신적 도구로 중요하게 사용했던 자유연상(free association)과 다르다. 프로이트의 자유연상은 편안한 분위기에서 자유로운 상상을 펼치며 마음에 떠오르는 이미지들이 과거의 경험이나 정신적 외상과 어떤 관련이 있는지를 탐색하는 작업이다. 이에 반하여 융의 적극적 상상은 이미지가 제멋대로 꼬리에 꼬리를 물고 이어지는 것을 허용하지 않는다. 융은 자유연상법이 개인이 갖고 있는 콤플렉스를 보여주는 작용을 하지만 구체적인 증세를 탐구하는 데는 한계가 있다고 보았다. 적극적 상상은 특정한 이미지나 경험에 주목하면서 그와 관련된 이미지들을 떠올림으로써 당면한 심리적 문제에 더 가깝게 다가가는 것이다. 이것은 어떤 이미지로부터 마음의 평온을 찾아 초월한 상태로 들어가는 명상과도 다르다. 적극적 상상은 구체적인 상황과 관련해서 무의식에 잠재된 이미지들을 의식의 세계로 끌어올리는 적극적인 행위다. 다만 어떤 이미지를 의도적으로 만들어내는 것은 배제한다.

이 방법은 우리의 자아가 분명하게 참여할 것을 요구한다. 마음속에서 일어나는 생각과 감정을 수동적으로 지켜보기만 하는 것이 아니라 의식이 적극적으로 관여하도록 해야 한다. 아니마와 아니무스의 투사를 인식하고 우리 자신의 감정이나 생각과 구분하기 위해서는 이러한 적극적 상상 기법을 사용하는 것이 도움이 된다.

여기서 한 가지 주의할 점이 있다. 적극적 상상을 할 때 무의식으로부터 이미지들이 흘러 들어오기 시작하면 간혹 멈추기가 어려워져서 감당할 수 없을 것 같은 두려움을 느낄 수 있다. 내가 알기로는 이런 느낌에 압도되어 실제로 위험한 지경에 빠지는 사람은 없지만 때로 겁을 먹을 수 있는 것은 사실이다. 하지만 자주 일어나는 일은 아니다. 대부분 사람들은 원하면 언제든 적극적 상상을 멈출 수 있다. 하지만 만일 무의식에 너무 가까이 접근해 있고 자아의 힘이 충분히 강하지 않은 사람이라면 주체할 수 없는 강력한 감정에 휘말릴지도 모른다. 이런 사람이 적극적 상상을 할 때는 전문 상담사나 심리치료사의 지도를 받을 것을 권한다.

또한 심리치료사는 환자들에게 도움을 줄 수 있으려면 그 자신이 '영혼'을 갖고 있어야 한다. 심리치료사가 의식에 합리성이라는 굴레를 씌우고 편견에 치우치거나 획일적인 사고를 하는 사람이라면 환자에게 도움을 줄 수 없다.

적극적 상상을 시작하는 방법은 몇 가지가 있다. 우선 첫 번째는 꿈에서 출발하는 방법이다. 꿈을 꾸다가 깨어났을 때 그 꿈을 기억하는 대로 적어 내려간다. 이 방법은 특히 꿈을 꾸다가 어떤 상황이 결론이 나지 않은 채 깨어난 경우에 유용하게 사용할 수 있다. 꿈의 내용이 중간에 중단되는 이유는 무의식이 더 이상 조치를 취하지 않았기 때문이다. 이런 경우 적극적 상상을 해서 그 꿈을 계속 이어가는 것이다. 예를 들어, 무언가에 쫓겨 계속 도망을 가고 있는 도중에 꿈이 끝나고 잠에서 깨어났다면, 적극적 상상을 통해 그 꿈속으로 돌아가서 도망가는 것을 멈추고 용기를 내어 추적자를 대면하고 승부를 겨루거나, 아니면 누군가에게 도움을 받는 이야기로 끝을 맺을 수 있다.

두 번째 방법은 환상을 이용하는 것이다. 우리가 문득 어떤 이미지를 떠올리거나 자면서 꿈을 꾸는 것은 무의식의 내용이 우리의 의식 속으로 들어오려고 하는 것이다. 무의식은 끊임없이 상징이나 이미지를 통해 우리의 의식에 어떤 메시지를 전달하려고 한다. 때문에 우리는 종종 의도하지 않은 생각을 하고 있는 자신을 발견하곤 한다. 예를 들어 문득 집에 도둑이 침입하거나 어떤 재난이 일어날 것 같은 두려움을 느끼거나 강렬한 성적 환상에 사로잡힐 수 있다. 그러한 감정이나 환상을 취해서 그다음에 어떤 일이 일어날 수 있는지 상상하며 하나의 이야기로 연결해 보자. 이것은 우리의 심리 상태를 변화시키고 환상이 갖고 있는 의미를 좀 더 분명하게 만드는 효과가 있다. 이를테면, 성적 환상을 의식으로 가져와서 그 의미를 이해하면 무분별한 행동으로 옮기는 것을 예방할 수 있다.

융은 이러한 적극적 상상의 기법을 연금술에서 빌려왔다. 고대 연금술사들은 증류기 안에 이런저런 금속들을 넣고 어떤 변화가 일어나는지 세밀하게 관찰했다. 융은 이러한 연금술을 적극적 상상의 원형으로 여기고 연금술의 용어를 심리학 언어로 차용했다. 융은『신비로운 결합Mysterium Conilunctionis』에서 적극적 상상의 방법을 연금술에 비유해서 설명하고 있다.

무의식이 우리에게 그 모습을 드러내는 형태, 이를테면 환상, 꿈, 비이성적인 기분, 또는 어떤 감정을 취해서 거기에 특별한 관심을 집중하며 그 변화를 객관적으로 관찰한다. 마음속에서 저절로 이어지는 변화를 주의 깊고 신중하게 따라가자. 무엇보다 쓸데없이 의식을 개입시키지 않는 것이 중요하다. 우리도 모르게 떠오르는 그 이미지 안에 '필요한 모든 재료들'이 들어 있기 때문이다. 그런 식으로 무의식이 의식의 방해를 받지 않고 자유롭게 활동하도록 해야 한다.

이 과정은 앞서 말했듯이, 처음부터 자동적으로 진행되거나 또는 의도적으로 유도할 수 있다. 의도적으로 유도한다는 것은 어떤 꿈이나 환상의 이미지를 선택해서 그것을 잡아두고 집중적으로 들여다보는 것이다. 아니면 어떤 불편한 기분을 출발점으로 사용할 수 있다. 그 기분이 어떤 이미지를 생산하는지, 어떤 이미지가 그런 기분을 표현하고 있는지 알아보는 것이다. 그다음에는 주의를 집중함으로써 그 이미지를 마음속에 고정시킨다. 보통 그 이미지는 조용히 숙고하는 것만으로도 움직이고 변화한다. 그 변화를 계속 주의 깊게 글로 적어야 한다. 우리의 무의식 속에서 활동하는 정신이 이미지의 형태로 나타나는 것이기 때문이다. 이런 과정을 통해 폭포가 위와 아래를 연결하듯이 의식과 무의식이 결합한다.

세 번째는 가장 쉬운 방법으로, 우리가 매일 마음속으로 하는 독백에서 출발한다. 우리는 사실 많은 시간 우리 자신과 '토론'을 하면서 보낸다. 어떤 문제로 갈등을 느낄 때 잠시 멈추어서 우리 자신을 돌아보면 내면에서 여러 가지 목소리들이 다투고 있는 것을 알게 된다. 이러한 내면의 대화는 종종 마치 법정에서 열리는 재판 과정과도 같은 양상을 띤다. 어떤 비판적인 목소리가 우리를 추궁하면서 죄를 물을 뿐 아니라 유죄 판결까지 내리려고 한다. 그 목소리는 어떤 생각이나 감정으로 우리의 의식 속으로 불쑥 들어오는데, 여자 안에서는 보통 남성적인 특성을 갖고 있고 남자 안에서는 여성적 특성을 갖고 있다. 그 목소리가 비난하는 이야기를 듣고 있다 보면 기분이 우울해지거나 죄의식에 사로잡히거나 열등감에 빠진다. 자칫 방심해서 그 목소리와 동화되어 버리면 그것이 진실인 것처럼 느껴진다. 그 목소리가 하는 이야기가 우리 자신의 생각이 아니라는 것을 인식하고 구분할 수 있을 때 비로소 마법에서 풀려날 수 있다.

우리 안에서 들려오는 목소리로 적극적 상상을 시작할 때는 머릿속에 좀처럼 떠나려고 하지 않는 생각을 적어 내려가는 것으로 출발한다. 글로 적는 것은 듣고 있는 목소리를 인격화하는 데 도움이 된다. 그 목소리를 예를 들어 '검사', '점수 기록원', '구경꾼', '외로운 여자' 등으로 인격화해 보자. 물론 그 목소리가 이야기하는 내용과 부합하는 인격을 선택해야 한다. 그렇게 인격화된 목소리와 나누는 대화를 종이 위에 글로 옮기면 좀 더 분명하게 그 목소리에 답할 수 있고 우리 자신의 입장을 주장할 수 있는 용기가 생긴다. 결국 그 목소리가 우리를 비판하는 이야기는 사실 근거가 없으며, 진실을 말하는 것처럼 들리지만 일반적인 통념에 불과함을 알게 될 것이다. 손에 펜을 들고 글을 쓰는 행동은 우리의 자아를 강화하고 의식을 집중시키는 효과가 있어서 파괴적인 힘에 당당하게 맞서는 힘이 생긴다. 어둠 속에 숨어서 움직이는 유리한 위치를 이용해서 함부로 날뛰는 내면의 적에게 조목조목 반격을 가할 수 있다.

그 목소리는 또한 우리에게 깨달음과 도움을 주는 긍정적인 내용을 이야기할 수 있다. 우리를 비난하고 의지를 무참하게 밟 아버리는 부정적인 목소리가 있다면, 빛나는 지혜와 영감을 주는 긍정적인 목소리가 있다. 이러한 긍정적인 목소리와 대화를 나누면서 우리가 처한 상황에 대해 함께 이야기하다 보면 도움을 받을 수 있다. 고대인들은 이러한 목소리를 '스피리투스 파밀리아리스spiritus familiaris, (집귀신)'이라고 불렀고 소크라테스는 '다이몬daimon'이라고 불렀는데, 부정적 의미의 '악마'가 아니라 '천재성' 또는 '영감'을 의미했다. 종교적 용어로 말하자면 일종의 수호천사나 성령이 우리에게 길을 알려주는 안내자로 나타나는 것이다. 심리학적으로는 이러한 긍정적 심혼을 우리의 자기自己가 인격화된 존재에 비유할 수 있다. 자기라는 우리 내면의 심혼과 관계를 맺는다면 다른 사람의 도움을 받지 않고도 스스로 무의식의 지혜에 접근할 수 있다.

마지막으로, 적극적 상상을 글로 쓰라고 하는 이유가 또 한 가지 있다. 글로 쓰면 현실감이 생길 뿐 아니라 우리 자신을 속이지 못한다. 이를테면, 불쾌한 진실을 마주했을 때 슬그머니 그것을 피해가는 것을 방지할 수 있다. 또한 기록으로 남긴 것은 이따금 다시 읽어보면서 기억을 새롭게 할 수 있을 뿐 아니라 적극적 상상을 할 당시에 생각지 못했던 것을 나중에 깨닫기도 한다.

적극적 상상을 할 때 한 가지 문제점이 있다. 명상을 할 때는 잘되다가 글로 쓰려고 하면 잘되지 않을 수가 있는 것이다. 이럴 때는 먼저 적극적 상상을 하고 나서 그다음에 기록을 할 수밖에 없다. 사실 상상하는 것 자체도 쉽지 않은데 그 내용을 글로 쓰는 것은 여간 성가시고 귀찮은 일이 아니다. 사람들은 의지가 필요한 정신노동을 좋아하지 않는다. 모든 것이 저절로 되기를 바란다. 이것은 심리치료사들이 만나는 공통적인 어려움이다. 사람들은 심리치료사가 마술을 부리는 것처럼 문제를 해결해 주기를 기대하며 스스로 뭔가를 하려고 노력하지 않는다. 그러다 보니 심리치료사는 지치고, 내담자는 불만이 쌓인다. 하지만 정신적 성숙은 노력한 만큼 성과가 나타나는 법이다.

'적극적'이 되기를 거부하는 게으른 천성과 더불어 우리 내면에는 '모두 부질없는 짓이야.'라고 말하는 목소리가 있다. 이 냉소적이고 회의적인 목소리는 우리가 통상적이고 전통적인 생각에서 벗어나지 못하도록 방해한다. 새롭게 마음을 먹고 뭔가를 시작하려고 하면 그런 것은 터무니없고 가치가 없다고 속삭인다. 어떤 꿈을 꾸고 나서 그 의미를 알아보려고 하면 이런 목소리가 들린다.

"그건 그냥 꿈일 뿐이야. 꿈에 무슨 의미가 있겠어."

창조적인 글을 쓰려고 하면 이런 목소리가 말한다.

"아, 그건 이미 누군가 쓴 거야."

"그렇게 힘들여 쓰면 뭐해. 아무도 알아주지 않을 거야."

202

마찬가지로 적극적 상상을 하려고 할 때도 방해하는 목소리가 들려올 것이다. 그 목소리는 마치 동화 속 마녀가 사랑하는 남녀를 질투해서 돌로 변하게 만들거나 잠에 빠지게 만드는 것처럼 심술을 부린다. 그 목소리가 뭐라고 하든 상관하지 말고 계속하자. 적극적 상상을 끝나고 나면 우리 자신의 생각이 무엇인지 분명히 알게 될 것이다.

아니면 처음부터 적극적 상상을 방해하는 회의적인 목소리와 대화를 나누는 것으로 시작할 수 있다. 처음부터 결판을 짓고 시작한다면 전쟁을 반쯤 이기고 시작하는 셈이고 중간에 발목을 잡히는 일이 없을 것이다.

적극적 상상을 할 때는 어떤 목소리와 대화를 나눌 것인지 확인하는 것부터 시작한다. 가장 먼저 떠오르는 생각을 인격화하는 것이 종종 효과적이다. 대화를 나누는 중에는 그 목소리가 무슨 말을 하든지 흔들리지 말고 계속하는 것이 중요하다. 그리고 대화를 다 끝낸 다음에 글로 쓴 것을 검토해 보자.

사람마다 적극적 상상이 잘되는 시간이 있다. 그럴 때는 어떤 이미지, 목소리, 환상이 즉각적으로 생생하게 활성화되면서 순조롭게 진행된다. 어떤 사람은 아침에 하면 잘되는데 저녁에는 어려울 수 있다. 또 어떤 사람은 반대로 저녁에 잘된다. 각자 자신에게 가장 적절한 시간에 하면 된다.

또한 적극적 상상은 아주 길어질 수도 있고 아주 짧게 끝날 수도 있다. 게르하르트 아들러Gerhard Adler의 저서 『살아 있는 상징The Living Symbol』을 보면 한 여자가 여러 달에 걸쳐 진행한 적극적 상상의 내용이 자세히 나와 있다. 그녀는 매우 길고 복잡한 환상을 전개했다.

아니면 아주 짧게 할 수도 있다. 내가 아는 가장 짧은 적극적 상상은 한 작가가 경험한 것이다. 그는 출판사에서 세 번째 퇴짜를 맞고 돌아와 다시 원고를 수정하기 위해 타자기 앞에 앉았다. 평소에는 수많은 단어들이 샘솟듯이 떠오르곤 했지만 이번에는 아무 생각도 나지 않았다. 결국 그는 사흘 동안 문장 하나 심지어 한 글자도 고치지 못한 채 우울한 기분에 빠져 있었다. 적어도 그의 안에 있는 뭔가가 원고를 수정하는 행위에 저항하고 있는 것이 분명했다. 그는 그 저항하는 힘을 인격화해서 말을 걸어보기로 했다.

작가(저항하는 힘에게) : "너는 왜 내가 지금 하는 일에 저항하는 거지?"
대답하는 목소리(즉시) : "그 소설은 이미 완성된 거예요."

그것이 전부였다. 그 대답을 듣고 그는 자신의 원고가 더 이상 고칠 곳이 없으며 지금 그대로 완전하다는 것을 깨달았다. 그가 거래하는 출판사에서 다시 그 원고를 받지 않는다면 다른 출판사를 찾아보기로 결심했다. 그리고 마침내 한 출판사와 자신이 원하는 조건으로 계약을 할 수 있었다.

　궁극적으로 적극적 상상은 의식과 무의식을 화해시키는 역할을 한다. 우리의 의식이 무의식의 심상들과 관계를 맺고 '타협'을 통해 문제를 해결하도록 유도하는 것이다. 그 결과 연금술사들이 '유니오 멘탈리스unio mentalis, (정신적 결합)'라고 불렀던 것에 상응하는 의식과 무의식의 결합이 가능하다. 연금술사들이 아무도 거들떠보지 않는 물질들을 재료로 사용했던 것처럼, 적극적 상상은 그동안 우리가 소홀히 했던 무의식의 내용으로 출발한다. 융은 연금술의 상징성에 대해 이야기하면서 우리가 온전한 인격과 개성을 발견하는 과정을 다음과 같이 묘사했다.

　꿈에서 무의식이 하는 말을 이해하고자 할 때 심리분석을 받으면 필요한 통찰력을 얻을 수 있을지 모른다. 하지만 현실적인 문제는 우리 스스로 부딪쳐서 해결해야 한다. 연금술을 배우는 도제가 스승의 가르침 아래 실험하고 연구하는 기술을 배울 수 있지만 실제 작업은 스스로 해야 하는 것처럼 말이다. 연금술사들이 강조해서 말하듯이, 아무도 그를 대신해 줄 수 없다.
　이런 도제처럼, 우리는 볼품없는 프리마 마테리아prima

materia, 즉 제 1원소 또는 근본 물질로 시작해야 한다. 처음에 우리는 어떤 환상을 아무런 의미가 없는 것이라고 지나칠 수 있다. 마치 '길거리에 내팽개쳐진 채', 아무도 거들떠보지 않는 돌처럼 시시하고 하찮게 보일 수 있다. 하지만 관심을 갖고 관찰하면서 그 변화에 주목하다 보면, 연금술사의 표현대로 '검은 용액 속에서 불꽃이 일어나며 물고기의 눈처럼 빛나듯이' 눈이 떠지는 순간이 올 것이다. 그러한 환상이 우리에게 개인적으로 일어나는 정신 작용이라는 것을 이해하게 된다. 우리는 바깥세상에서와 마찬가지로 내면 세계에서 활동하고 고뇌하는 있는 것이다.

우리는 마치 그러한 환상을 눈앞에서 펼쳐지고 있는 현실인 것처럼, 그 안으로 들어가서 개인적으로 반응해야 한다. 그 환상은 우리의 정신 속에서 일어나는 현실이고, 우리가 존재하는 것과 마찬가지로, 정신적 실체로 존재한다. 그 드라마 속에 자연스럽게 녹아들면 현실성이 강화될 뿐 아니라 비판적인 의식에 의해 터무니없는 환상이 되지 않도록 균형을 맞추는 효과가 있다. 그러면서 무의식과의 전격적인 화해가 이루어지며 통찰력, 정신적 결합이 현실화되기 시작한다. 이것은 개성화의 시작이며, 그 직접적인 목표는 전체성의 상징을 경험하고 생산하는 것이다.

적극적 상상은 융이 최초로 무의식을 의식으로 끌어내기 위한 심리학 도구로 고안한 것이지만, 사실은 예전부터 사용되어 왔다. 대표적인 예로, 성경의 마태복음에는 예수가 황야에서 유혹을 받는 이야기가 나온다. 예수는 하느님에게서 성령을 받고 '너는 나의 사랑하는 아들, 내 마음에 드는 아들이다.'라는 목소리를 들은 후에 홀로 황야를 향해 떠난다. 그러한 신비로운 경험을 하면 우선 그것을 확인해 보고자 하는 유혹이 일어나는 것이 당연하다. 그 유혹은 사탄의 목소리로 들려온다.

"만일 네가 하느님의 아들이라면 이 돌을 빵으로 만들어봐라."

예수는 자기 안에서 들려오는 그 목소리를 듣고 대답한다. 그 목소리는 세 번에 걸쳐 유혹을 했고 예수는 매번 거기 대답을 하면서 흔들리는 마음을 바로잡았다. 그는 내면의 대화를 통해 자신에게 주어진 길을 확인할 수 있었다. 이것이 바로 적극적 상상이다. 내가 말하고자 하는 것은 사탄이 환상이라는 이야기가 아니다. 우리 안에서 들려오는 무의식의 목소리는 매우 현실적이다. 너무 현실적이어서 정신을 차리고 똑바로 대답을 하지 않는다면 거기 휘말릴 수 있으니 주의해야 한다는 것이다.

따라서 '적극적'이라는 말은 중요한 의미가 있다. 적극적 상상은 무의식의 움직임을 관찰하는 것으로 끝나는 것이 아니라 그 과정에서 우리 자아가 목소리를 내고 무의식의 요구를 현실의 상황에 비추어 판단하는 것이다.

우리 안에서 들리는 목소리를 어떤 대상으로 삼아 대화를 나누어 보면 힘들고 지쳤을 때 의식을 확대해서 시야를 넓히고 다시 일어설 용기와 힘을 찾는 효과가 있다. 어떤 경우든지 적극적 상상을 하기 위해서는 우리 자아가 적극적으로 참여해야 한다. 의식과 무의식이 서로 화합할 때 풍요롭고 창조적인 정신이 탄생할 수 있기 때문이다.

우리 자아가 무의식의 바다 깊은 곳을 들여다보고 원형의 세계가 들려주는 진실한 목소리를 감지하는 것이 융이 말한 개성화와 자기실현이다. 인간의 삶은 자아가 자기를 향해 가는 과정이고, 더 나아가서 인류의 문명 또한 세대를 이어 진행되어 온 기나긴 깨달음의 과정이다. 인간은 지금의 문명화된 상태에 도달하기까지 헤아릴 수 없이 많은 세월들을 거쳐 서서히, 그리고 힘들여 의식을 확장해 왔다. 하지만 인간의 진화가 온전히 완성되기에는 아직 갈 길이 멀다. 인간의 본성은 허다한 부분이 아직 무의식이라는 어둠에 싸여 있다. 우리는 이성으로 이해할 수 없고 합리적으로 설명할 수 없는 현상에 대해서는 인정하지 않으려 한다. 하지만 우리의 '이성'이 가진 능력은 지극히 불완전하기 때문에 결코 정신의 전체성을 파악할 수 없다. 융은 다음과 같이 말한다.

비판적 이성이 지배하는 세상은 삭막하다. 무의식을 이해한
다면 우리의 삶과 우주의 원리에 대해 더 많은 것을 이해할
수 있다.

우리의 영혼 속에는 우주 탄생의 비밀부터 인류 문명의 역사
가 모두 녹아 있다. 우리 각자는 우주의 일부이면서 또한 우주
그 자체이다. 우리 자아는 무의식이라는 깊이를 알 수 없는 바
다 위에 떠 있는 작은 배와 같다. 그리고 우리 삶은 무의식에 잠
재된 가능성이 자기실현을 향해 가는 과정, 출렁이는 파도 위
에 떠 있는 작은 배가 바닷속 깊은 곳에 있는 자기를 찾아가는
여정이다. 남자와 여자라는 자아의식 너머에, 우리 내면에 있는
또 다른 성과 조화를 이루는 것부터 시작해서 인격의 완성을
향해 가는 발걸음을 내딛어 보자.

사랑은 우리를 더 나은 사람이 되게 한다

「이보다 더 좋을 수 없다As Good as It Gets」라는 영화가 있습니다. 주인공은 낭만적인 소설을 쓰는 인기 작가이지만 현실에서는 사람들의 입을 딱 벌어지게 만드는 지독한 독설을 퍼붓는 고약한 남자입니다. 게다가 그는 여성을 비하하는 말을 서슴지 않습니다. 독신주의자로 살면서 어떻게 여자에 대해 그렇게 잘 알고 글을 쓰느냐는 질문에, 그는 어떤 남자를 상상한 다음 그에게서 이성과 신뢰를 기대하지 않으면 된다고 말하죠.

그런 그가 어느 날 식당에서 웨이트리스로 일하는 여자에게 사랑을 느끼게 됩니다. 그는 낯선 감정에 당황스러워하다가 마침내 여자에게 이런 말로 사랑을 고백합니다.

"당신은 내가 더 좋은 사람이 되고 싶도록 만드는군요."

사랑을 고백하는 말조차 매우 이기적으로 들리기는 하지만, 다시 생각해 보면 이보다 더 겸손하고 감동적인 프러포즈는 없을 듯합니다.

그녀에 대한 사랑은 그가 자신의 행동을 돌아보고 인격적으로 성숙해지도록 몰아갑니다. 그는 주변 사람들이 겪는 고통과 상처를 돌아보고 이해하고 소통하는 법을 배워갑니다. 그리고 사랑하는 여자의 마음을 얻기 위해 더 좋은 사람이 되려고 노력하면서 기분이 좋아지는 것을 깨닫습니다. 그 자신의 참모습을 찾아가고 있는 덕분입니다. 사실 까칠하고 냉소적인 모습은 허세일 뿐 그의 온전한 인격이 아니었습니다. 그는 마침내 자기 자신으로 사는 것이 편안하고 행복하다는 것을 알게 된 것이죠.

사랑은 우리를 더 나은 사람이 되게 합니다.

거꾸로 생각하면 우리가 이성을 선택할 때 어떤 조건을 중요하게 생각해야 하는지 한 가지 힌트를 얻을 수 있습니다. 어떤 관계는 우리 자신에게서 최선의 가능성을 이끌어내도록 하는 반면, 어떤 관계는 우리를 힘들게 하고 벼랑 끝으로 몰아갑니다.

당신의 사랑은 당신이 어떤 사람이 되고 싶도록 만드나요? 한번 생각해 보세요.

이 책은 남녀의 사랑과 관계의 우여곡절이 어떤 과정을 거쳐 개인의 자기실현을 향해 가는지에 대해 이야기합니다. 남녀가 서로를 그리워하는 것은 인간이 자기 자신을 발견하고 완성하기를 바라는 욕망에서 비롯된다고 카를 구스타프 융은 말했습니다. 인간의 삶의 목적은 궁극적으로 자기 자신의 본성을 찾아 잠재력을 실현함으로써 자기를 완성하는 것입니다.

따라서 이상적인 남녀 관계란 둘이 만나 하나가 되는 것이 아니라, 둘이 만나 온전한 둘이 되는 것입니다. 상대방을 위해 나 자신을 변화시키는 것이 아니라 상대방을 통해 나 자신을 발견하는 것입니다. 이것은 이기적인 욕망이 아닙니다. 남녀가 만나 서로의 개성을 이해하고 존중할 때 각자 자기의 실현을 향해 갈 수 있기 때문입니다. 동화에서는 남녀가 우여곡절 끝에 마침내 사랑의 결실을 맺고 그 후로 영원히 행복하게 살았다는 이야기로 끝나지만 현실에서는 그 순간부터 두 사람이 각자 온전한 자기 자신을 찾아가는 모험이 시작되는 것입니다.

2013. 9. 10

참고 문헌

도서

Emily Bronte, 『Wuthering Heights』, New York: Random House, Inc., 1943

Irene de Castillejo, 『Knowing Woman』, New York: G. P. Putnam's Sons, 1973

Michael Drury, 『To a Young Wife from an Old Mistress』, New York: Doubleday and Company, Inc., 1966.

Marie-Louise von Franz, 『The Feminine in Fairy Tales』, Zurich: Spring Publications, 1972

Marie-Louise von Franz, 『Apuletius' The Golden Ass』, Zurich: Spring Publications, 1970, 1974

Marie-Louise von Franz, 『Individuation in Fairy Tales』, Zurich: Spring Publications, 1977

Adolf Guggenhbuhl-Craig, 『Marriage, Dead or Alive』, Zurich: Spring Publications, 1977

Barbara Hannah, 『Striving Towards Wholeness』, New York: G.P. Putnam's Sons, 1971

Esther Harding, 『The Way of All Women』, New York: David McKay Company, Inc., 1933, 1961

Esther Harding, 『Woman's Mysteries, Ancient and Modern』, New York: G.P. Putnam's Sons, 1971

Robert Johnson, 『HE!』, Pennsylvania: Religious Publishing Co., 1974

Robert Johnson, 『SHE!』, Pennsylvania: Religious Publishing Co., 1976

C. G. Jung, 『Collected Works 7, Two Essays in the Analytical Psychology』, New York: Pantheon Books, 1953

C. G. Jung, 「Collected Works 9, 1, The Archetypes of the Collective Unconscious」, New York: Pantheon Books, 1959

C. G. Jung, 「Collected Works 9, 2, Aion」, New York: Pantheon Books, 1959

C. G. Jung, 「Collected Works 13, Alchemical Studies」, Princeton, N. J.: Princeton University Press, 1967, 1970

C. G. Jung, 「Collected Works 14, Mysterium Coniunctionis」, Princeton, N. J.: Princeton University Press, 1963, 1974

C. G. Jung, 「Collected Works 16, The Practice of Psychotherapy」, New York: Pantheon Books, 1954

C. G. Jung, 「C. G. Jung Speaking」 Edited by William Mcguire and R. F. C. Hull, Princeton, N. J. : Princeton University Press, 1977

C. G. Jung, 「Letters 1」, Princeton, N. J. : Princeton University Press, 1973 C. G. Jung, 「Letters 2」, Princeton, N. J. : Princeton University Press, 1975

C. G. Jung, 「Man and His Symbols」, New York: Doubleday and Company, Inc., 1964

C. G. Jung, 「Memories, Dreams, Reflections」, New York: Pantheon Books, 1963

C. G. Jung, 「Visions Seminars, Part One and Part Two」, Zurich: Spring Publications, 1976

Emma Jung, 「Animus and Anima」, Zurich: Spring Publications, 1974

Erich Newmann, 「Amor and Psyche」, New York: Pantheon Books, 1956

John A. Sanford, 「Healing and Wholeness」, New York: The Paulist Press, 1977

John A. Sanford, 「The Kingdom Within」, New York: J. B. Lippincott Co., 1970

June Singer, 「Androgyny」, New York: Doubleday Company, Inc., 1976

Ann B. Ulanov, 「The Feminine in Jungian Psychology and in Christian Theology」, Illinois: Northwestern University Press, 1971

Edward C. Whitmont, 「The Symbolic Quest」, New York: G. P. Putnam's Sons, 1969

Richard Wilhelm trans. 「The Secret of the Golden Flower」, New York: Harcourt, Brace & World, Inc., 1931; revised and augmented, 1962

논문

Hilde Binswanger, 'Postive Aspects of the Animus', Spring, 1963.

Verda Heisler, 'Individuation in Marriage', Psychological Perspectives 1, no. 2, Fall 1970.

James Hillman, 'Anima', Spring, 1973 and 1974

Graham Hough, 'Poetry and the Anima', Spring, 1973

Margaret Ostrowski, 'Anima Images in Carl Spitteler's Poetry', Spring, 1962

Toni Wolf, 'Structural Forms of the Feminine Psyche'

Philip Zabriskie, 'Goddesses in our Midst', Quadrant, no. 17, Fall 1974

Barbara Hannah, 'The Problem of Contact with Animus'

London: Guild of Pastoral Psychology, 1962

무의식의 유혹

처음 펴낸 날 | 2019년 7월 24일

지은이 | 존 A. 샌포드
옮긴이 | 노혜숙
펴낸곳 | 도서출판 아니마
출판 등록 | 2008년 12월 11일, 396-2008-000092호
주소 | 경기도 고양시 일산동구 중산로 101, 109-903
편집 | Tel 031-908-2158, Fax 0303-0944-2194
이메일 | animapub@naver.com
디자인 | (주)끄레어소시에이츠
ISBN | 978-89-965393-4-6 03180

이 도서의 국립중앙도서관 출판예정도서목록(CIP)은
서지정보유통지원시스템 홈페이지(http://seoji.nl.go.kr)와
국가자료종합목록 구축시스템(http://kolis-net.nl.go.kr)에서 이용하실 수 있습니다.
(CIP제어번호: CIP2019028039)

- 책 가격은 뒤표지에 있습니다.
- 잘못된 책은 구입하신 곳에서 바꾸어 드립니다.
- 이 책의 전부 또는 일부 내용을 재사용하려면 사전에 저작권자와 도서출판 아니마의 동의를 받아야 합니다.